# Ereignissegmentierung im Sprachvergleich. Konstruktion direktionaler Bewegungsereignisse im Deutschen und Türkischen

Serpil Dogruoglu

**Bibliografische Information der Deutschen Nationalbibliothek:**

Die Deutsche Nationalbibliothek verzeichnet diese Publikation in der Deutschen Nationalbibliografie; detaillierte bibliografische Daten sind im Internet über http://dnb.d-nb.de abrufbar.

ISBN: 9783346266125
Dieses Buch ist auch als E-Book erhältlich.

Druck und Bindung: Books on Demand GmbH, Norderstedt Germany
Gedruckt auf säurefreiem Papier aus verantwortungsvollen Quellen

Das vorliegende Werk wurde sorgfältig erarbeitet. Dennoch übernehmen Autoren und Verlag für die Richtigkeit von Angaben, Hinweisen, Links und Ratschlägen sowie eventuelle Druckfehler keine Haftung.

Das Buch bei GRIN: https://www.grin.com/document/938000

Ruprecht-Karls Universität Heidelberg

Neuphilologische Fakultät

Institut für Deutsch als Fremdsprachenphilologie

# EREIGNISSEGMENTIERUNG IM SPRACHVERGLEICH

### Eine Untersuchung zur Konstruktion direktionaler Bewegungsereignisse im Deutschen und Türkischen

## Bachelorarbeit

Vorgelegt von: Serpil Dogruoglu

Germanistik im Kulturvergleich 75%

(Sprachwissenschaft) Bildungswissenschaft (25%)

Vorgelegt am: 12. Juli 2019

# Inhaltsverzeichnis

1. Einleitung .................................................................................................. 1

2. Bewegungsereignisse im Sprachvergleich ................................................ 2

   2.1   Typologische Einordnung des Deutschen und Türkischen ............................ 3

   2.2   Boundary-Crossing ....................................................................... 4

   2.3   Sprachliche Mittel .......................................................................... 7

      2.3.1 Deutsch ................................................................................ 7

      2.3.2 Türkisch ............................................................................... 9

3. Event Unit Formation ............................................................................ 11

4. Ereignissegmentierung aus kognitiver Perspektive ................................. 12

   4.1 Der Einfluss von Aufmerksamkeitsmustern ........................................ 12

      4.1.1 Manner und Path .............................................................. 12

      4.1.2 Zielgerichtete Bewegung und Endpunktfokussierung .................. 15

   4.2 Psychologische Grundmodelle der Ereignissegmentierung ................... 17

   4.3. Sprachtypologischer Einfluss auf die Ereignissegmentierung ............. 19

      4.3.1 Macro-Event-Property ......................................................... 20

      4.3.2 Manner-Layer und Path-Layer ............................................. 22

5. Empirischer Teil der Studie .................................................................... 23

   5.1 Fragestellung und Hypothesen ......................................................... 25

   5.2 Experimentendesign ....................................................................... 27

      5.2.1 Probanden ......................................................................... 27

      5.2.2 Stimuli .............................................................................. 28

      5.2.3 Durchführung .................................................................... 29

6. Datenanalyse ........................................................................................ 30

   6.1 Kodierung der Daten ....................................................................... 30

   6.2 Anzahl der Äußerungen ................................................................... 34

   6.3 Anzahl und Kombination der Segmente ............................................ 35

6.4 Boundary-Crossing und Endpunkt ................................................................. 37

6.5 Abhängigkeit der Variable ........................................................................... 39

7. Interpretation der Ergebnisse ....................................................................... 40

8. Diskussion .................................................................................................... 42

9. Ausblick ....................................................................................................... 43

10. Literaturverzeichnis ................................................................................... 45

11. Anhang ....................................................................................................... 48

# Abbildungsverzeichnis

Abbildung 1: Prozesse der Ereignissegmentierung aus kognitiver und linguistischer Perspektive. Zusammengestellt aus Darstellung bei Gerwien & von Stutterheim (2018) und Zacks et al. (2007)......................................................................................... 19

Abbildung 2: Schematische Darstellung der definierten Segmenttypen in den jeweiligen Wegabschnitten............................................................................................................. 32

Abbildung 3: Anteil an Antworten mit mehr als zwei Äußerungen .............................. 35

Abbildung 4: Anzahl Häufigkeit Segment 3 nach Sprache und Kondition .................. 36

Abbildung 5: Anzahl Nennungen Boundary-Crossing und Endpunkt in Prozent.......... 38

Abbildung 6: Relation Anzahl Segmenttyp 0, EP und BC nach Sprache und Kondition ..................................................................................................................................... 38

# Tabellenverzeichnis

Tabelle 1: Mittelwert der Anzahl an finiter Verben nach Sprache und Kondition ......... 34

Tabelle 2: Anzahl von 1, 2 und 3 finiter Verben nach Sprache und Kondition ............. 35

Tabelle 3: Anzahl der Segmenttypen nach Sprache und Kondition ............................. 36

Tabelle 4: Anzahl der Segmente nach Sprache und Kondition ..................................... 37

Tabelle 5: Abhängigkeit Anzahl finiter Verben und Lexikalisierung EP in den Aussagen
.................................................................................................................................. 39

Tabelle 6: Anzahl finiter Verben in Antworten, in denen beide Referenzpunkte (BC und
EP) lexikalisiert wurden ......................................................................................... 39

# 1. Einleitung

Jede visuelle und akustische Information, die wir aus dem Umfeld wahrnehmen, gelangt über unsere peripheren Organe in unser Gedächtnis. Durch kognitive Fähigkeiten wird der ununterbrochene Strom an Informationen in Gedanken umgewandelt. Um unsere Gedanken zu formen und zum Ausdruck bringen zu können, brauchen wir Sprache, denn sie kann als „die Infrastruktur im Land des Denkens" (Kohlmayer 2000) verstanden werden. Die Sprachen der Welt verfügen über unterschiedliche strukturelle und grammatische Mittel um Angaben zu zeitlichen und räumlichen Relationen zu machen. Z.B. gibt es in Australien eine Aborigine Gemeinschaft, die nicht zwischen rechts und links unterscheidet, sondern Angaben zur Himmelsrichtung macht (Boroditsky & Gaby 2010). In diesem Zusammenhang stellt sich die Frage, ob die sprachstrukturellen Unterschiede einen Einfluss auf das menschliche Denken haben.

Das große Interesse für Bewegungsereignisse im sprachwissenschaftlichen Forschungsbereich geht auf die Untersuchungen von Leonard Talmy (2000, 2007) zurück, der anhand typologischer Unterschiede eine Unterteilung in Verb-Framed und Satellite-Framed Sprachen vornahm. Das Türkische wird zum ersten und das Deutsche zum zweiten Sprachtyp gezählt. Diese strenge Dichotomie wurde im Laufe der Forschung weiterentwickelt und zu Teilen auch relativiert (Slobin 2006; Beavers et al. 2010). Ein einflussreiches Modell in der kognitiven Forschung stellt die *Event Segmentation Theory* (EST) von Zacks & Swallow (2007) dar, die besagt, dass der kontinuierliche rezeptive Strom in einem automatischen Prozess in Bedeutung tragende Einheiten unterteilt wird, sobald ein Input wahrgenommen wird (ebd. 2007: 80). Bohnemeyer et al. (2007) rezipierten das Grundmodell und untersuchten die Segmentierung von Ereignissen im sprachlichen Kontext. Dabei konnten sie sprachtypologische Unterschiede im Hinblick auf die Manner- und Path-Informationen und ihre sprachabhängige Kodierung feststellen. In zwei Experimenten konnten Gerwien & von Stutterheim (2018) zeigen, dass Richtungs- oder Orientierungswechsel einen Einfluss auf die Segmentierung von Bewegungsereignissen haben. In einer nonverbalen Aufgabe testeten sie, wie häufig und wann die Sprecher[1] des Französischen und des Deutschen den visuellen Input segmentierten. In der Lexikalisierungsaufgabe wurde untersucht, wie viele Event Units

---

[1] Soweit im Folgenden Berufs- Gruppen- und / oder Personenbezeichnungen Verwendung finden, so ist auch stets die jeweils weibliche Form gemeint. Der *Verf.* sieht daher von einer genderneutralen Ausdrucksweise ab.

(s. Kapitel 3) produziert wurden. Zwischen beiden Sprachen konnte ein signifikanter Unterschied in der Anzahl der Segmente und der produzierten Event Units festgestellt werden. Außerdem zeigten Gerwien & von Stutterheim (2018), dass die kognitive Segmentierung und die Segmentierung in der Sprache auf denselben mentalen Repräsentationen basieren.

In der vorliegenden Arbeit wird die Lexikalisierung und Konstruktion von Bewegungsereignissen im Deutschen und Türkischen untersucht. Den Probanden werden Videosequenzen gezeigt, die die Bewegung einer Entität (in den meisten Fällen eine Person) entlang eines Wegabschnitts darstellt. Anders als bei Gerwien & von Stutterheim (2018) werden in den Videos keine Richtungs- oder Orientierungswechsel, sondern Referenzpunkte in Form von End- (Garage, Brunnen, Ticketautomat) und Grenzpunkten (Wasserschlauch, Absperrband, Besen), dargestellt. Ziel ist es zu prüfen, wie die beiden Sprachgruppen in ihren sprachspezifischen Mustern zusammenhängende Einheiten konstruieren und wie die beiden genannten Referenzpunkte wahrgenommen werden. Das Experimentendesign wird aus einer vorgehenden Masterarbeit von Wutz (2018) übernommen, die das Französische und Deutsche untersuchte. Sie führte ein verbales und ein nonverbales Experiment durch, in denen sie die Ergebnisse von Gerwien & von Stutterheim (2018) bestätigen konnte. In dieser Bachelorarbeit wurden ausschließlich die Ergebnisse der Lexikalisierungsaufgabe betrachtet, da eine weitere Untersuchung der nonverbalen Segmentierung über den Rahmen dieser Arbeit hinausgehen würde. Die transkribierten deutschen Daten wurden von Wutz (2018) übernommen und durch Abweichungen bei der Kodierung nochmals neu aufbereitet. Die türkischen Daten für die Studie der vorliegenden Arbeit wurden eigenständig erhoben.

## 2. Bewegungsereignisse im Sprachvergleich

In den folgenden Abschnitten sollen das Deutsche und das Türkische in die beiden Sprachmuster nach Talmy (2000) eingeordnet werden. Dabei werden die für die Studie relevanten Eigenschaften betrachtet, zu denen auch das Verhalten der Sprachen in Situationen mit einem physischen Grenzübertritt (Boundary-Crossing) zählt. Des Weiteren werden die sich stark voneinander unterscheidenden sprachlichen Mittel zur Lexikalisierung von Bewegungsereignissen dargelegt.

## 2.1 Typologische Einordnung des Deutschen und Türkischen

Leonard Talmy (2000) unterteilte die Sprachen der Welt in S-Sprachen und V-Sprachen, um sie anhand ihrer Lexikalisierungsmuster miteinander vergleichen zu können. Sprachabhängige Unterschiede zeigen sich darin, wie die semantischen Komponenten *Motion* (die Tatsache der Bewegung), *Figure* (die sich bewegende Entität), *Ground* (Hintergrund, vor dem die Bewegung stattfindet), *Path* (der Weg, den die Figure nimmt) *Manner* (die Art und Weise der Bewegung) und *Cause* (die Ursache der Bewegung) verbalisiert werden. *Path* und *Motion* stellen den Kern der Bewegung dar und werden in allen Sprachen bei der Beschreibung eines Bewegungsereignisses versprachlicht. *Manner* und *Cause* bezeichnet Talmy (2000) als Co-Ereignisse, deren Versprachlichung fakultativ ist (Talmy 2000: 49). *Motion* wird grundsätzlich im Verb lexikalisiert und kann mit anderen Komponenten zu einem „system of conflation" (Talmy 2000: 65) verschmelzen, wohingegen *Path* sprachabhängig im Verb oder außerhalb des Verbs realisiert werden kann.

Deutsch wird zu den *Satellite-Framed* Sprachen (des Weiteren als S-Sprachen) und Türkisch zu den *Verb-Framed* Sprachen (des Weiteren als V-Sprachen) gezählt. Diese Einteilung wird in der Forschung mit dem Einfluss von Slobin (2006) und Beavers et al. (2009) nicht als absolut verstanden, sondern als Skala, in der für die Sprachen der Welt eine Tendenz hin zu einem typologischen Sprachtyp festgestellt werden kann. Das Deutsche lexikalisiert Path außerhalb des Verbs, wohingegen dieser im Türkischen bevorzugt im Verb ausgedrückt wird. Auch diese Einteilung ist nicht absolut, sondern eher ein bevorzugtes Muster, durch das die anderen Optionen nicht auszuschließen sind (Beavers et al. 2009: 39). Dennoch enthalten die sprachspezifischen Eigenschaften in Talmys Typologie wichtige Erkenntnisse, die Rückschlüsse auf die Strategien einer Sprache ermöglichen. Die Path-Komponente wird in S-Sprachen durch sogenannte Satelliten zum Ausdruck gebracht, die von Talmy (2007) als „any constituent that is a sister relation to the verb root" (Talmy 2007: 139) bezeichnet werden. Im Deutschen fungieren Präpositionen und Partikel als Path-Komponenten. In S-Sprachen ist es möglich, mehrere Satelliten mit einem finiten Verb zu kombinieren und dadurch detaillierte Informationen zum Path zu geben (Talmy 2007: 164; von Stutterheim et al. 2019). In Beispiel (1) wird in einem einfachen Satz durch das Verb zunächst bestimmt, dass die Figure sich bewegt (Motion) und wie diese Bewegung aussieht (Manner). Es werden Informationen darüber gegeben, dass die Figure den Hügel überwinden muss und

3

sich vor dem diesem oder in einer niedrigen Position am Hang des Hügels befindet (über).

Es wird ausgedrückt, dass sie sich in einen neuen räumlich eingegrenzten Raum begibt (ins), der sich unterhalb des Hügels befindet und die Figure sich daher wieder von einer erhöhten Position in eine niedrigere bewegen muss (hinunter).

(1) Der Mann rennt **über** den Hügel **ins** Dorf **hinunter**.

Um Beschreibungen wie in (1) versprachlichen zu können, werden im Türkischen Sätze mit mehreren finiten Verben gebildet. Ein Path-Abschnitt kann immer nur mit einem Verb ausgedrückt werden. Beispiel (2) ist eine Variante, wie der Satz im Türkischen lexikalisiert werden kann. Die einzelnen Komponenten können in einer Beschreibung vorkommen, erfordern aber die Konstruktion von mehreren PPn.

(2) Adam koş-arak    Tepe-nin    **üst-üne**    **çık-ıyor,**    **asağa**
     Mann rennen-CVB   Hügel-GEN   auf-AKK    steigen-PRS   unten[2]

     **in-iyor**       ve     köy-e         **var-iyor.**
     absteigen-PRS   und   Dorf-DAT      ankommen-PRS
     *Der Mann läuft rennend über den Hügel, läuft nach unten und kommt im Dorf an.*

Manner wird im Deutschen im Verb und im Türkischen typischerweise durch ein Konverb versprachlicht. Im Türkischen ist es möglich Manner auch im Verb auszudrücken, allerdings gibt es Einschränkungen bei der Beschreibung von Situationen mit einem Grenzübertritt. Das Verb enthält dann die Path-Informationen und Manner kann durch ein Konverb zum Ausdruck gebracht werden. Im folgenden Abschnitt werden die Restriktionen, die in Boundary-Crossing Situationen gelten, näher betrachtet. Die sprachlichen Mittel, die bei der Lexikalisierung von Bewegungsereignissen in den jeweiligen Sprachen relevant sind, werden unter 2.4 aufgezeigt.

## 2.2 Boundary-Crossing

Wie bereits erwähnt, verfügen V-Sprachen über Verben, die Informationen zum Path der Bewegung geben. Im türkischen Sprachinventar gibt es aber auch Verben wie *yürümek* (laufen), *düşmek* (fallen), *koşmak* (rennen), die keine Path- sondern Manner-Informationen tragen (3)

(3) Bir    bayan spor   alet-ler-in-e         doğru      koş-iyor.
     Ein    Frau   Sport   Gerät-PL-PASS-DAT     Richtung    rennen-PRS

---

[2] Glossiert wurde nach: *Leipzig Glossing Rules* 2008; Lehmann: *Interlinear Morphemic Glossing.*, 2004

*Eine Frau rennt zu den Sportgeräten.*

Für die Verwendung von Manner-Verben konnten Slobin & Hoiting (1994) bei der Konstruktion eines Bewegungsereignisses mit Grenzübertritt Einschränkungen feststellen. Durch das *Boundary-Crossing Constraint* ist es in Sprachen mit einer Verb-Framing Struktur demnach nicht möglich, Manner im Hauptverb auszudrücken, wenn die Überschreitung einer räumlichen Grenze lexikalisiert werden soll (Slobin & Hoiting 1994: 498). In Beispiel (4) erfolgt durch die Bewegung von einem Außenraum in einen umschlossenen Innenraum eindeutig die Überschreitung einer Grenze. Der Grenzübertritt wird mit dem Path-Verb *girmek* (betreten) lexikalisiert, welches keine Informationen zur Art und Weise der Bewegung gibt (z.B. ob die Figure sich schnell oder langsam bewegt). Wird an den Verbstamm *koş-*, wie in Beispiel (4), das Suffix *-iyor* angehängt, so kann er in einer dynamischen Beschreibung zu dem Hauptverb werden. Jedoch wird im betrachteten Beispiel hierbei kein Übertritt einer Grenze beschrieben, sondern die Bewegung hin zu einem Endpunkt - in diesem Fall ein Haus (siehe hierzu 4.1.2). Der Grenzübertritt muss also in diesem Fall seperat durch ein Path-Verb ausgedrückt werden.

(4) Adam    ev-e          gir-iyor.
    Mann    Haus-DAT      betreten-PRS.
    *Ein Mann betritt das Haus.*

(5) Adam    ev-e          koş-iyor.
    Mann    Haus-DAT      rennen-PRS.
    *Ein Mann rennt zum Haus.*

Özçalışkan (2013) untersuchte Aussagen von Türkisch und Englisch Muttersprachlern. In der Studie beschrieben die Probanden eine Reihe von Bildern, in denen eine Figure zu sehen war, die verschiedene Arten von Grenzen überschreitet (Teppich, Sprung ins Wasser etc.). Sie konnte feststellen, dass im Türkischen mit großem Unterschied zum Englischen Path-Verben zur Bildbeschreibung bevorzugt und Manner-Verben vernachlässigt wurden (ebd.:8). Was Hoiting & Slobin (1994) für V-Sprachen feststellen konnten, trifft also auch für das Türkische zu. Unter den Beschreibungen der türkischen Muttersprachler gab es aber auch solche, in denen der Grenzübertritt, entgegen des Boundary-Crossing Constraints, mit einem Manner-Verb lexikalisiert wurde. Aus ihren Ergebnissen schließt Özçalışkan (2013), dass es sich bei der Verwendung von Manner-Verben in V-Sprachen um eine weniger saliente Kategorie handelt. Manner-Verben sind im Türkischen jedoch nicht völlig auszuschließen (ebd. 3). Beispiele für Situationen, in denen ein Manner-Verb verwendet wurde, waren z.b. sehr plötzliche oder schnelle Bewegungen (ebd. 12)[3]. Ein weiteres Ergebnis ihrer Untersuchung zeigte, dass Türkisch-Muttersprachler die Bilder häufig ohne die Lexikalisierung des Grenzübertritts konstruierten. In solchen Fällen wurde die Bewegung der Figure in Richtung der Grenze beschrieben oder direkt innerhalb der begrenzten Region lokalisiert (ebd.:8). Özçalışkan (2013) konnte zudem Unterschiede bei der Anzahl der Äußerungen von Bewegungsereignissen zwischen dem Englischen und dem Türkischen feststellen. Türkisch Muttersprachler produzierten in ihren Äußerungen mehr Segmente, wenn sie einen Grenzübertritt beschrieben. Um die Verwendung eines Manner-Verbs zu *umgehen,* wurde eine plötzliche Bewegung, wie der Sprung ins Wasser, in einzelnen Etappen beschrieben.

(6) Bir tramplen var, bir su var, derinli-ği ol-an

    Ein Trampolin geben ein Wasser geben Tiefe-POSS sein-NMLZ

    bir su, derin bir su, adam tramplen-den atl-ıyor,

    ein Wasser tief ein Wasser Mann Trampolin-ABL Springen-PRS

    su-yun iç-i-ne gir-iyor. (Bsp. nach Özcaliskan 2013: 17)

    *Es gibt ein Trampolin, es gibt Wasser, ein Wasser mit Tiefe, tiefes Wasser, ein Mann springt vom Trampolin ins Wasser.*

In (6) erfolgt zunächst eine sehr ausführliche Beschreibung der Situation. Anschließend wird der Absprung anhand eines Manner-Verbs beschrieben (*atlamak,* springen) und daraufhin erfolgt der Grenzübertritt durch die Lexikalisierung mit einem Path-Verb (*girmek,* betreten) und dem dazugehörigem Ground (Trampolin).

Es ist davon auszugehen, dass ein Grenzübertritt Einfluss auf die Wahl des Verbs hat und auf die Segmentierung eines Bewegungsereignisses. Dieser kann allerdings nicht im Sinne eines *Constraints* verstanden werden, der die Lexikalisierung von Grenzübertritten mit Manner im Hauptverb völlig ausschließt.

---

[3] In der vorliegenden Studie gibt es keine Videosequenzen, die eine plötzliche oder besonders schnelle Bewegung darstellen. Daher ist davon auszugehen, dass die Überschreitung der Grenzen von den Probanden durch Path-Verben lexikalisiert wird.

## 2.3 Sprachliche Mittel

Das Deutsche und das Türkische unterscheiden sich hinsichtlich der sprachlichen Mittel, mit denen die räumlichen Konzepte lexikalisiert werden können. Das Türkische als Prototyp einer agglutinierenden Sprache verfügt beispielsweise über eine Vielzahl an Suffixen, die eine grammatikalische Funktion haben und an den Wortstamm angehängt werden (Skalička 1979: 25). Auch bei der Konstruktion von Bewegungsereignissen spielen diese eine Rolle. Im Folgenden werden die sprachlichen Mittel des Deutschen und Türkischen dargelegt, die für die Enkodierung der hier betrachteten Bewegungsereignisse von Bedeutung sind. Es wird aufgezeigt über welche Mittel die beiden Sprachen verfügen, um die die verschiedenen Komponenten (Manner, Path, Ground etc.) zu versprachlichen und wie die Direktionalität einer Bewegung markiert wird.

### 2.3.1 Deutsch

Das Deutsche verfügt über eine Vielzahl an Verben, die die Art und Weise der Bewegung ausdrücken und sich durch feine semantische Differenzierungen auszeichnen (Snell-Hornby 1983). Es gibt z.B. mehrere Verben, die Schnelligkeit (laufen, sprinten, rennen etc.) oder eine ruhige Bewegung (schreiten, spazieren, wandern etc.) ausdrücken. Das Inventar an Path-Verben ist hingegen sehr klein. Zu jenen werden *verlassen, überqueren* und *betreten* gezählt (Wienold 1992: 5; Berthele 2006: 53). Im Bereich der Semantik ist noch nicht geklärt, welche Verben zu den Path-Verben gezählt werden. *Steigen* wird beispielsweise sowohl den Path- als auch den Manner-Verben zugeordnet (Berthele 2006: 56f). In dieser Arbeit sind allerdings nur Solche relevant, die direktionale Bewegungen entlang der horizontalen Achse beschreiben und daher kann diese Diskussion außer Acht gelassen werden. Relevant ist zudem, dass die Verben in den Bewegungsereignissen eindeutig dem Ground-Objekt zugewiesen werden können. Dies ist für *überqueren* (7) und *betreten* (8) der Fall.

(7) Eine Frau überquert einen Bahnübergang.

(8) Eine Frau betritt den Rasen.

Grenzübertritt und zielgerichtete Bewegung können im Deutschen in einer Äußerung lexikalisiert werden, indem das Verb Manner kodiert und Path in vielen Fällen durch eine PPn kodiert wird. Auch innerhalb einer Verbalphrase, wie in Beispiel (9), können also Path und Manner gemeinsam lexikalisiert werden. Auf syntaktischer Ebene werden Path und Ground miteinander als Präposition und Nomen kombiniert und treten zusammen in einer PPn auf.

(9) Ein Mädchen fährt auf einem Fahrrad **über** einen Gartenschlauch **in** eine Garage.

In vielen Fällen, vor allem bei Wechselpräpositionen, gibt der regierende Kasus weitere Informationen zum Path der Bewegung an. Eine direktionale Bewegung wird durch den Akkusativ ausgedrückt. Die Dativ-Form dient als lokale Ergänzung, die eine nicht zielgerichtete Bewegung angibt.

(10) a) Die Frau läuft ins/ in das Haus. → Akkusativ, direktionale Ergänzung. (?)

b) Die Frau läuft im/ in dem Haus. → Dativ, lokale Ergänzung. (?)

Bei der Verwendung von Bewegungsereignissen mit *durch* und *über* ist im Gegensatz zu den in (7) und (8) aufgeführten Path-Verben, eine mehrdeutige Leseart möglich. Es kann sowohl Bezug zu einer Bewegung hin zu einem Zielort, als zu auch einer nicht zielgerichteten, atelische Bewegung genommen werden (Klein 1991: 90). Ausschlaggebend sind hierbei die Eigenschaften des Grounds (Größe, Funktion etc.) und das Kontextwissen (Müller 2013: 232f). In Beispiel (11) ist eine ambige Leseart möglich, denn es ist zum einen denkbar, dass die Figur sich innerhalb des Parks oder der Rasenfläche bewegt, ohne ein bestimmtes Ziel erreichen zu wollen. In Diesem Fall würde es sich um eine atelische Bewegung handeln. Die Beschreibung kann aber auch so verstanden werden, dass die als Ground (Park) fungierende Entität *durchquert* und als Grenzübertritt konzeptualisiert wird. In (12) hingegen erfolgt eindeutig ein Grenzübertritt, da die Ground-Fläche der Brücke eingegrenzt und nicht weitläufig ist, wie in (11).

(11) Eine Frau läuft durch den Park (417)

(12) Die Frau fährt über die Brücke (101)

Einen weiteren Sonderfall stellt das Adverb *entlang* dar. In Beispiel (13) handelt es sich nicht um eine zielgerichtete Bewegung. Doch anders als bei *durch* und *über* wird *entlang* als Wegkomponente verwendet, wenn der Ground räumlich klar definiert ist.: „Ein Entlang-Ort ist, so wie ich dieses Wort verstehe, eine Art Streifen parallel zu einer Seite des Relatums" (Klein 1991: 11). Bei Bewegungsereignissen mit *entlang* (kursiv?) ist also davon auszugehen, dass keine zielgerichtete Bewegung beschrieben wird, aber die Bewegung entlang einer bestimmten Richtung erfolgt.

(13) Eine Frau läuft den Weg entlang.

In Abschnitt 6.1 werden die Relevanz und der Umgang der betrachteten sprachlichen Mittel in der Studie dargelegt.

## 2.3.2 Türkisch

Das Türkische verfügt über Verben, die Bewegung im Allgemeinen (*gitmek* gehen, *gelmek* kommen), Änderungen des Standorts (*girmek* betreten, *geçmek* überqueren, *çıkmak* verlassen) und die Ankunft an einem Endpunkt (*ulaşmak* ankommen) ausdrücken. Alle genannten Beispiele geben keine Informationen zur Art und Weise der Bewegung und enkodieren ausschließlich den Path (Woerfel 2018: 65).

Manner kann im Türkischen neben dem Path-Verb auch als subordinierende Konverben auftreten, wie in Beispiel (14), die in den meisten Fällen durch das Anhängen eines Suffixes (-*(y)ErEk*) an den Verbstamm gebildet werden. Sie zählen nicht zu den finiten Verben, da sie weder durch Personal- noch durch Tempusendungen ergänzt werden. Ins Deutsche können Konverbien in ein Partizip Präsens oder einen indem-Satz übersetzt werden. Die durch das Konverb ausgedrückte Handlung erfolgt zur gleichen Zeit wie die im Hauptverb ausgedrückte Bewegung. Konverbien können durch die doppelte Nennung des Verbstamms und das Anhängen des Suffixes -*(y)E* auftreten (15) und haben die gleiche Bedeutung wie in (14) (Ağuiçenoğlu 2008: 151).

(14) Kız        çocuğ-u     köprü-den     koş-arak       geç-di.
     Mädchen    Kind-AKK    Brücke-ABL    rennen-CVB     überqueren-PRF
     FIGURE                 GROUND        MANNER         PATH
     *Das Mädchen überquerte die Brücke rennend.*

(15) Kız        çocuğ-u     koş-a koş-a     köprü-den   geç-di.
     Mädchen    Kind-AKK    rennen-CVB      Brücke-ABL  überqueren-PRF
     FIGURE                 MANNER          GROUND      PATH
     *Das Mädchen überquerte rennend die Brücke.*

Slobin & Özçalışkan (2003) verglichen mündliche Äußerungen türkischer Muttersprachler mit Auszügen aus Romanen in türkischer Sprache. Sie wollten feststellen, über welche Mittel Sprecher von S-Sprachen verfügen, um Manner zu kodieren. Ihre Ergebnisse zeigten, dass Manner-Verben in V-Sprachen aufwändiger in der Kodierung. Sie argumentieren, dass die Versprachlichung von Konverbien aufwendigere mentale Prozesse erfordert. Sie werden daher nur dann ausgedrückt, wenn die Art und Weise der Bewegung erfragt wird oder das Fehlen von Manner einen Einfluss auf die Diskursstruktur hat. Die Lexikalisierung von Manner ist in V-Sprachen nach den Ergebnissen von Slobin & Özçalışkan (2003) restringiert. Türkisch Muttersprachler scheinen Bewegungsereignisse bevorzugt durch Path-Verben zu lexikalisieren und Manner-Informationen wegzulassen (ebd. 9).

Im Türkischen kann die Bewegung in Richtung eines Endpunktes durch räumliche Postpositionen (z.B. *kadar* bis, *doğru* in Richtung) ausgedrückt werden. Fall-Marker in Form von Suffixen, die an den Wortstamm angehängt werden, dienen als Mittel um die Zielgerichtetheit und den Ursprung der Bewegung anzuzeigen (Woerfel 2018: 72). Insgesamt gibt es im Türkischen drei Kasusmarkierung: Das Lokativ-Suffix *-dE,* das Dativ-Suffix *–(y)E* und das Ablativ-Suffix *-dEn.* Durch die Regeln der Vokal- und Konsonantenharmonie können diese Suffixe unterschiedlich realisiert werden, drücken aber dieselbe grammatikalische Kategorie aus (Becker 1994: 34). In Beispiel (16) wurde die Bewegung von der Brücke als Startpunkt mit der Ablativmarkierung *-dEn* an der Ground-Entität markiert und die Bewegung hin zum Auto durch das Dativsuffix *-(y)E* am Zielobjekt angezeigt. Mittels *doğru* kann die Bewegung zum Endpunkt und die Direktionalität betont werden. Die Verwendung einer solchen Postposition ist fakultativ. In (17) wird die Figure durch das Anhängen eines Lokativ-Suffixes an den Ground[4] (*-dE*) lokalisiert. Wird Beispiel (17) durch ein Manner-Verb ergänzt, entsteht eine dynamische Relation (18), die keine Angaben zur Direktionalität gibt. Lexikalisierungen, wie in (18), werden von Gerwien & von Stutterheim et al. (2019) als *screenshots* bezeichnet. Sie lokalisieren die Figure in einer dynamischen Bewegung und geben nähere Angaben zu ihrer Aktivität. Eine solche Konstruktion ist ausschließlich mit Manner-Verben möglich.

(16) Bir    bayan    köprü-den    araba-ya    doğru    koş-iyor. (Excel_103)
       Ein    Frau    Brücke-ABL.    Auto-DAT.    Richtung    rennen-PRS
       *Eine Frau rennt über die Brücke, in Richtung des Autos.*

(17) Bir    bayan    köprü-de.
       Ein    Frau    Brücke-LOK.
       *Eine Frau ist auf der Brücke.*

(18) Bir    bayan    köprü-de    koş-iyor.
       Ein    Frau    Brücke-LOK    rennen-PRS.
       *Eine Frau rennt auf der Brücke.*

---

[4] In der Terminologie zu Lokalisierungsausdrücken als *Relatum* bezeichnet (Becker 1994: 3).

In einer Spracherwerbsstudie wurden die Erzählungen der *Frog-Story*[5] durch Probanden verschiedener Altersgruppen verglichen. Aksu-Koç (1994) stellte für das Türkische fest, dass in den Beschreibungen neben Informationen zu zielgerichteter Bewegung auch viele Lokativ-Adverbien und Pospositionen im Dativ vorkamen. Sie dienten dazu, Quelle und Ziel der Bewegung spezifischer zu beschreiben. Nach Aksu-Koç (1994) hatte ihre Verwendung vor allem Diskurs motivierte Gründe. Es wurde auf bereits stattgefundene Ereignisse aus einem vorherigen Kontext Bezug genommen (Aksu-Koç 1994: 350f). Sie zeigte, dass Sprecher von V-Sprachen dazu tendieren, elaboriertere Beschreibungen zur Lokalisation der Figure und dem Endzustand der Bewegung zu geben. In S-Sprachen werden hingegeben Path und Manner detaillierter beschrieben. (ebd.: 354).

## 3. Event Unit Formation

Unter *Event Units* verstehen Gerwien & von Stutterheim (2018) eine Zustandsveränderung, die durch eine Ereignisgrenze abgeschlossen und gegebenfalls von einer weiteren Event Unit getrennt wird. Die Wahrnehmung einer solchen Begrenzung ist von sprachspezifischen Mustern und von der kognitiven Wahrnehmung einer Veränderung im kontinuierlichen Strom an Informationen abhängig (Gerwien & von Stutterheim 2018: 225; von Stutterheim et al. 2019). Event Units werden in der Bedeutung von Wörtern enkodiert, genauer gesagt im Verb. Im weiteren Verlauf der Arbeit wird unter einer Event Unit daher eine lexikalische Einheit verstanden, die durch eine Äußerung mit je einem finiten Verb versprachlicht wird (Gerwien & von Stutterheim 2018: 227). Bei den sprachlichen Mitteln zur Konstruktion von Bewegungsereignissen konnten für das Deutsche und Türkische Unterschiede in der Anzahl an finiten Verben aufgezeigt werden. Türkisch-Sprecher lexikalisieren für jeden neuen Ground-Abschnitt ein neues Verb und Deutsch-Muttersprachler können ein Verb für mehrere Ground-Abschnitte enkodieren. Für die Lexikalisierungsaufgabe können somit größere Unterschiede bei der Anzahl an Event Units erwartet werden. Für das Französische konnten Gerwien & von Stutterheim (2018) bereits zeigen, dass mehr verbale Einheiten gebildet werden, als durch deutsche Probanden, wenn Bewegungsereignisse mit einem Richtungs- oder Orientierungswechsel versprachlicht werden sollen. Der Einfluss der

---

[5] Slobin & Berman gründeten *the frog-story project*, in dem Sprechern verschiedener Sprachen die gleiche Kindergeschichte, die aus 24 Bildern besteht, erzählten. Die Sprachen sollten im Hinblick auf Alters- und Sprachunterschiede miteinander vergleichbar gemacht werden (Berman, Slobin et al. 1994).

Lexikalisierung räumlicher Konzepte auf die kognitive Segmentierung wird unter 4.2 näher betrachtet.

# 4. Ereignissegmentierung aus kognitiver Perspektive

Bisher wurden die Unterschiede zwischen dem Deutschen und dem Türkischen bei der Lexikalisierung von Bewegungsereignissen aufgezeigt und dargelegt, welche sprachlichen Mittel beide Gruppen zur Verfügung haben. Im Anschluss sollen die Theorien zur Ereignissegmentierung in der kognitiven Forschung betrachtet und der Zusammenhang zu sprachspezifischen Mustern verdeutlicht werden.

## 4.1 Der Einfluss von Aufmerksamkeitsmustern

Sprachen unterscheiden sich dahingehend, worauf sie bei einem visuellen Input ihre Aufmerksamkeit richten. Das sprachabhängige Aufmerksamkeitsmuster beeinflusst, welche Informationen als relevant erachtet werden und wie der Input nach der Verarbeitung verbalisiert wird. Das Deutsche verfügt über eine Vielzahl an Verben, um Manner zu versprachlichen, wohingegen das Türkische ein deutlich kleineres Repertoire an Manner-Verben aufweist, deren Lexikalisierung zumeist fakultativ ist. Hinsichtlich der Lexikalisierung von Manner-Verben unterliegt das Türkische in Situationen mit Grenzübertritt gewissen Einschränkungen. Im Deutschen können durch die Path-Satelliten mehrere Wegabschnitte lexikalisiert werden. Aus den genannten sprachlichen Mitteln ergeben sich Aufmerksamkeitsmuster, die die selektive Wahrnehmung von Bewegungsereignissen beeinflussen. Diese Aufmerksamkeitsmuster innerhalb beider Sprachen werden nachfolgend dargelegt.

### 4.1.1 Manner und Path

Slobin (2006) untersuchte den Grad der auf die Manner-Information gerichteten Aufmerksamkeit. Sprachen, in denen Manner besonders häufig lexikalisiert werden, haben demnach eine hohe *Manner-Salienz* (Slobin 2006: 64). In einer Sprachvergleichsstudie untersuchte Slobin (2006) die Aussagen von Probanden verschiedener Sprachen. Er betrachtete die Beschreibungen einer bestimmten Szene (*owl exit scene*) aus der Frog Story. In den Aussagen der Sprecher von Verb-Framed Sprachen, stellte er eine geringe Anzahl an Manner-Verben fest und schloss aus den Ergebnissen, dass diese keine Manner-Salienz aufweisen. Innerhalb der S-Sprachen mit einer hohen

12

Anzahl an Manner-Verben gibt es hingegen eine „Cline of Salience" (Slobin 2006: 73). Darunter werden eine graduelle Abstufungen in Abhängigkeit zur Häufigkeit, in der Manner lexikalisiert wird, verstanden (Slobin 2006: 65). In einer zweiten Untersuchung wurden Rückschlüsse auf die Konzeptualisierung von Bewegungsereignissen in Abhängigkeit zur Frequenz der Versprachlichung von Manner-Informationen gemacht. Spanisch- und Englisch-Muttersprachler hatten die Aufgabe, eine Textstelle aus einem Roman mündlich wiederzugeben. Es wurde eine Romanzeile ausgewählt, die keine Manner-Verben enthielt. In den englischen Äußerungen wurden bei der sinngemäßen Wiedergabe deutlich mehr Manner-Verben verwendet. Daraus schlussfolgerte Slobin (2006), dass sich die Konzeptualisierung von Bewegungsereignissen innerhalb der beiden Sprachtypen unterscheidet (Slobin 2006: 14f). Wenn eine Sprache den Path im Hauptverb kodiert, verfügt sie über begrenzte Mittel um Manner zu enkodieren und dies wirkt sich auf die konzeptuelle Repräsentation aus (Slobin 2006: 17).

Auch Pourcel (2004) konnte für das Französische feststellen, dass Manner-Informationen weniger häufig versprachlicht werden und die Lexikalisierung von Path-Informationen im Verb erfolgt. Vergleichend konnte sie für das Englische als S-Sprache aufzeigen, dass Manner deutlich häufiger ausgedrückt wurde. Path-Informationen wurden in beiden Sprachen zu einer hohen Anzahl lexikalisiert. Demnach wiesen beide Sprachen eine unterschiedliche Gewichtung von Manner auf, wohingegen die Path-Informationen im Englischen und Französischen gleich salient sind (Pourcel 2004: 507f). Die erhöhte Path-Salienz in beiden Sprachtypen ist nach Pourcel (2004) auf die Zielgerichtetheit des menschlichen Verhaltens zurückzuführen (Pourcel 2004: 509f).

Das Türkische untersuchten Özçalışkan & Slobin (2003) im Vergleich zum Englischen und betrachteten die Anzahl der Manner-Verben in Auszügen aus Romanen. Sie zählten deutlich weniger Verben, die Manner ausdrückten und stellten zudem fest, dass im Türkischen auf alternative sprachliche Mittel zurückgegriffen wird, um das Fehlen der Manner-Informationen im Hauptverb zu kompensieren (Özçalışkan & Slobin 2003: 9).

In einer Studie untersuchten von Stutterheim, Gerwien, Bouhaous, Carroll und Lambert (2019) die Konstruktion von Bewegungsereignissen im Französischen, Englischen, Deutschen und Arabischen. Den Probanden wurden Videosequenzen gezeigt, in denen im Laufe der Bewegung ein Orientierungs- oder Richtungswechsel der Figure erfolgt. Anders als in den bisherigen sprachvergleichenden Studien im Bereich der Bewegungsereignisse betrachteten sie neben den Komponenten Path und Manner auch weitere relevante konzeptuelle Domänen, wie die Temporalität im Zusammenhang mit der Räumlichkeit. Zu den untersuchten konzeptuellen Kategorien gehören die Wahl des Event Layers (s. Kapitel 4.3.2), die bevorzugte Kategorie beim räumlichen Framing und die Aspektualität der jeweiligen Sprache. Innerhalb der räumlichen Framing Kategorien wird zwischen *figure-based* und *ground-based* Sprachen unterschieden (Gewien, von Stutterheim et al. 2019). Für das Französische konnten sie feststellen, dass die Aufmerksamkeit erhöht auf der sich bewegenden Entität, also der Figure liegt, wenn Aussagen zu einem Orientierungs- oder Richtungswechsel gemacht werden sollen. Wenn im Input keine Informationen zur Richtung der Figure gegeben wird, versprachlichen französische Sprecher Manner of Motion. Da die Direktionalität eines räumlichen Konzepts nicht allein von der Bewegungsbeschaffenheit der Figure abgeleitet werden kann und das Französische wie auch das Türkische in der Beschreibung eines Grenzübertritts eingeschränkt sind, bleibt als einziges *figure-based* Konzept die Lokalisierung der Figure oder eine nicht räumliche Referenz übrig (von Stutterheim et al. 2019). Aus diesen Beobachtungen schlussfolgern die Autoren, dass über sprachspezifische Aufmerksamkeitsmuster entschieden wird, wie der Input in Event Units unterteilt werden soll. Wenn nicht die Informationen zu finden sind, die den standardisierten Aufmerksamkeitsmustern entsprechen, kann keine automatische Einteilung in Event Units erfolgen. Es wird Zugriff auf eine Strategie genommen, die innerhalb einer Rangordnung an zweiter Stelle steht. Sobald im Input keine Rückschlüsse auf die Richtung der Bewegung gemacht werden können, wird im Französischen die nächste Strategie angewandt, um nähere Informationen zur Figure zu geben. In diesen Fällen wird ein Manner-Verb verwendet und die Direktionalität der Bewegung wird nicht weiter berücksichtigt. Innerhalb einer festgestellten Rangordnung ist die Auswahl der untergeordneten Strategie nach von Stutterheim et al. (2019) sprachspezifisch. Um ein Bewegungsereignis zu konstruieren, können Sprecher des Deutschen und Französischen Manner im finiten Verb lexikalisieren. Im Deutschen stellt es jedoch das Standardmuster dar, wohingegen die französischen Probanden bevorzugt Path im Verb lexikalisieren. Die sprachspezifischen Unterschiede bei der Event Unit Formation sind nicht als eine „function of graded salience" (von Stutterheim et al. 2019) nach Slobins (2006) Theorie zu betrachten, sondern als eine hierarchische Ordnung innerhalb einer Sprache zu verstehen, die einem bestimmten Muster folgt.

## 4.1.2 Zielgerichtete Bewegung und Endpunktfokussierung

Durch die Zielorientiertheit menschlichen Verhaltens ist der Endpunkt einer Bewegung für alle Sprachen von Relevanz. Wie wichtig das Ziel oder der Endpunkt für die Verbalisierung eines Bewegungsereignisses ist, hängt von verschiedenen Faktoren ab. Hierzu gehören beispielsweise die grammatikalischen und lexikalischen Eigenschaften einer Sprache. Eine wichtige Rolle spielt demnach die Aspektualität: „[…] the concept of aspect, wich relates to the perspective under wich particular temporal properties of an event are presented." (von Stutterheim et al. 2012: 834). Das Englische verfügt z.b. über einen progressiven Aspekt, durch den ausgedrückt wird, dass ein Ereignis fortlaufend stattfindet. Das Deutsche hat demgegenüber keine grammatikalischen Mittel, um die Ausdehnung des Ereignisses im Verhältnis zum betrachteten Zeitraum zu beschreiben (von Stutterheim et al. 2012: 834).

Stutterheim et al. (2012) untersuchten neben dem Englischen und Deutschen fünf weitere Sprachen. Durch die Analyse konnten sie belegen, dass Aufmerksamkeitsmuster einen Einfluss auf die kognitive Vorbereitung der Lexikalisierung eines visuellen Inputs haben. Betrachtet wurde der Einfluss von temporalen und aspektuellen Eigenschaften auf die Muster, bei der Produktion und Konzeptualisierung von Bewegungsereignissen. Den Probanden wurden Videosequenzen gezeigt, in denen eine Figure sich in Richtung eines potentiellen Endpunkts bewegt, diesen in der kritischen Kondition aber nicht erreicht. Die konzeptuellen Vorgänge, die sich bei der Konzeptualisierung von Bewegungseinissen ergaben, wurden durch Eye-Tracking Methoden gemessen und mit Daten aus Lexikalisierungs- und Memorisierungsaufgaben verglichen (von Stutterheim et al. 2012: 835). Für Sprachen ohne grammatikalisches Aspektsystem konnten die Forscher feststellen, dass der Endpunkt zudem vermehrt in der kritischen Kondition (Endpunkt wurde nicht erreicht) versprachlicht wurde, um ein holistisches Ereignis zu erzeugen. Gleichzeitig ging aus den Eye-Tracking Daten hervor, dass eine erhöhte Aufmerksamkeit auf dem Endpunkt der Bewegung lag (von Stutterheim et al. 2012: 859). Das Deutsche fokussiert den Endpunkt somit, um das Fehlen des grammatikalisierten Aspekts zu kompensieren und lexikalisiert diesen, um ein holistisches Ereignis zu erzeugen.

Das Türkische wurde dahingegen hinsichtlich des Zusammenhangs von Aspektualität und der Aufmerksamkeit auf Endpunkte noch nicht untersucht. Dies gibt Anlass dazu, auf das Tempus und Aspektsystem eingegangen werden. Um Aussagen über vergangene Ereignisse zu machen, wird die Modalität des Ereignisses bestimmt und im Verb suffigiert. Unterschieden wird zwischen einer direkten und indirekten Erfahrung. Möchte der Sprecher ausdrücken, dass er den Vorgang des Ereignisses direkt beobachten konnte, wird das Suffix *-dı* (19) angehängt. Kann der Sprecher erschließen, dass ein Ereignis stattfand, da er das Resultat sieht oder das Wissen um das stattgefundene Ereignis vom Hörensagen innehat, wird das Verb mittels *-miş* (20) suffigiert. In Anlehnung an Aksu-Koç (1994) wird ersteres im Beispiel als D.PAST und zweiteres als M.PAST glossiert (ebd.: 332).

(19) Bir     kız       karşı-dan       karşı-ya          geç-di. EXCEL
       Ein    Mädchen    Gegenüber-ABL   Gegenüber-DAT   überqueren-D.PAST
       *Ein Mädchen ist von einer Seite auf die andere Seite gelaufen/überquert.*

(20) Bir     kız       karşı-dan       karşı-ya          geç-miş.
       Ein    Mädchen    Gegenüber-ABL   Gegenüber-DAT   überqueren-M.PAST
       *Ein Mädchen ist von einer Seite auf die andere Seite gelaufen/überquert.*

Für die Imperfektiv-Form kann im Türkischen das Suffix *-iyor* an das finite Verb angehängt werden. In der Präsensform beschreibt es eine andauernde Aktivität. Durch das Anhängen des Imperfektiv-Suffixes an das Path-Verb wird markiert, dass es sich um eine dynamische Bewegung handelt (Aksu-Koç 1994: 339). In der Literatur und den Grammatiken wird das Suffix als Progressivform, imperfektive Präsensform oder als Präsens-Marker verstanden (Aksu-Koç 1994: 332; Ağuiçenoğlu 2008: 19). In dieser Arbeit wird er wie bei Aksu-Koç (1994) als Präsens-Marker glossiert. Allein durch das Verb + Imperfektiv-Form (21) wird keine Direktionalität ausgedrückt. Hierfür muss ein Endpunkt genannt werden, wie in Beispiel (22).

(21) Kız        bisiklet       sür-üyor.
       Mädchen    Fahrrad       fahren-PRS
       *Das Mädchen fährt Fahrrad.*

(22) Kız        bisiklet-len    garaj-a       gir-iyor.
       Mädchen    Fahrrad-mit    Garage-DAT   hineinkommen-PRS
       *Das Mädchen fährt mit dem Fahrrad in die Garage.*

Das Suffix *-iyor* wird progressiv, wenn es an erster Stelle nach dem Verb steht und an zweiter Stelle *-dı* angehängt wird, wodurch eine direkte Vergangenheit ausgedrückt wird. *-dı* allein hat keine aspektuellen Eigenschaften und dient nur als temporaler Marker.

(23) Gel-iyor-du-m.
       Kommen-PROG-PST-1SG

16

*Ich war dabei zu kommen/ kam gerade an.*

Durch die progressive Vergangenheitsform wird über ein länger abgeschlossenes Ereignis berichtet. Für die in dieser Arbeit betrachteten Bewegungsereignisse ist daher ausschließlich das Präsenssuffix mit imperfektivem Charakter relevant.

In der vorliegenden Studie ist aufgrund der Ergebnisse der Autoren von Stutterheim et al. (2012) ein Einfluss durch den fehlenden Aspekt im Türkischen zu erwarten. Es ist möglich, dass Endpunkte wie im Deutschen häufig lexikalisiert werden, um holistische Ereignisse zu erzeugen.

## 4.2 Psychologische Grundmodelle der Ereignissegmentierung

Die Untersuchungen zur Segmentierung von Bewegungsereignissen hatten ihre Anfänge in der Verhaltensforschung von Newtson (1973). Er konzipierte ein Verfahren, durch das die Echtzeitreaktionen auf einen visuellen Input erfasst werden können. Die Probanden sollten einen Knopf betätigen, wenn sie das Gefühl hatten, dass ein zusammenhängender Bedeutungsabschnitt endet und ein neuer beginnt.

Ein einflussreiches Modell zur Untersuchung der Verarbeitung und Segmentierung des *continuous stream* von in der Außenwelt wahrgenommenen Aktivitäten, ist die *Event Segmentation Theory* (EST). Vereinfacht besagt sie, dass Menschen den kontinuierlichen Informationsstrom in bedeutungstragende Einheiten unterteilen und dies automatisch und spontan erfolgt, sobald der Input wahrgenommen wird (Zacks & Swallow 2007: 80). Um Aussagen darüber zu machen, was innerhalb des gegebenen Kontexts als Nächstes passiert, werden sogenannte *Working Models* erzeugt. Sie werden im Arbeitsgedächtnis aus Sinneswahrnehmungen und perzeptuellem Input geformt und im Laufe des Ereignisses durch die Verarbeitung der Informationen überarbeitet und erneuert. Wichtige Informationen stellen dabei z.B. physische Eigenschaften, der räumlich-temporale Kontext und Eigenschaften der Entitäten dar (Zacks & Swallow 2007: 80). Zusätzlich empfangen Working Models Input von Event Schemata, die als Repräsentationen im Langzeitgedächtnis verstanden werden können, welche den Input aus vorher verarbeiteten Ereignissen speichern. Anders als Working Models bestehen sie aus erlernten Informationen und werden durch dauerhafte synaptische Veränderungen implementiert. Bei den gespeicherten Informationen handelt es sich um Wissen über physikalische Eigenschaften, statistische Informationen darüber, welches Muster einer Aktivität auf ein anderes Muster folgt und Informationen zum Ziel der Figure (Zacks et al. 2007: 275). Finden im Verlauf des Ereignisses größere Veränderungen innerhalb des Inputs statt, kann das aktuelle Working Model keine Vorhersagen mehr machen. Es kommt zu einer Unterbrechung und zu einer erhöhten Aufmerksamkeit auf die Veränderung des Inputs. Das alte Working Model wird aufgehoben und ein neues wird erzeugt, wodurch Event-Boundaries zwischen den Segmenten wahrgenommen werden (Radvansky & Zacks 2017; Radvansky 2017: 121f; Zacks & Swallow 2007: 80). Die Ereignisgrenzen weisen eine hierarchische Struktur auf. Sie trennen fein- oder grobgranulare Ereignisse voneinander, die in größere Einheiten gebündelt werden. In Abhängigkeit davon, wie grob- oder feinkörnig der Input wahrgenommen wird, wird mehr oder weniger segmentiert (Zacks & Swallow 2007: 83).

In einer Untersuchung von Zacks et al. (2001) konnte anhand indirekter Messungen bestätigt werden, dass die Segmentierung von Ereignissen unbewusst und automatisch erfolgt. Die Teilnehmenden betrachteten Videosequenzen, in denen alltägliche Handlungen gezeigt wurden, während eine Messung der Gehirnaktivität durch das fMRT erfolgte (Zacks & Swallow 2007: 81). Der Input wurde in zwei Abläufen betrachtet: Im ersten Ablauf sollten die Teilnehmenden die Videos ansehen und bekamen hierbei keine weiteren Instruktionen. Im zweiten Schritt wurden die Videos erneut betrachtet, dabei sollten die Teilnehmenden wie beim Newtson-Test mit einem Knopfdruck bewusst segmentieren. Die Aktivität der Gehirnströme wurde miteinander verglichen. Hierbei konnte festgestellt werden, dass in beiden Abläufen zur selben Zeit die gleichen Gehirnregionen eine erhöhte Aktivität zeigten (Zacks et al. 2001: 651f).

In zwei Experimenten untersuchten Gerwien & von Stutterheim (2018) die Lexikalisierung und Segmentierung von Bewegungsereignissen im Deutschen und Französischen. Beiden Sprachgruppen wurden die gleichen Videosequenzen gezeigt, in denen eine Figure sich entlang eines Wegabschnitts mit einem Richtungs- oder Orientierungswechsel bewegt. In einer nonverbalen Aufgabe sollten die Sprecher den Input durch einen Knopfdruck in zusammenhängende Einheiten segmentieren. In der Lexikalisierungsaufgabe beschrieben die Probanden das in der Videosequenz dargestellte Ereignis. Gerwien & von Stutterheim (2018) stellten eine Übereinstimmung bei der Wahrnehmung der Event-Boundaries in beiden Experimenten fest, da die Anzahl der Event Units in der Lexikalisierungsaufgabe der Anzahl an Segmenten in der nonverbalen Aufgabe entsprach. Sie konnten dadurch beweisen, dass die nonverbale Ereignissegmentierung und die Event Unit Formation bei der Sprachproduktion auf denselben mentalen Repräsentationen basieren. In Abbildung 1 werden die Prozesse bei der kognitiven Segmentierung und die Vorgänge bei der Lexikalisierung von Event Units zusammenfassend dargestellt.

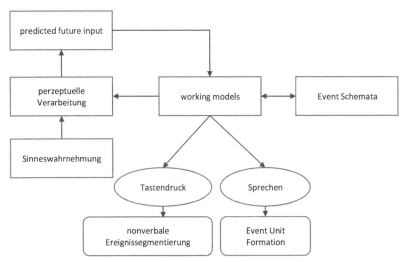

*Abbildung 1: Prozesse der Ereignissegmentierung aus kognitiver und linguistischer Perspektive. Zusammengestellt aus Darstellung bei Gerwien & von Stutterheim (2018) und Zacks et al. (2007)*

## 4.3. Sprachtypologischer Einfluss auf die Ereignissegmentierung

Die Forschung zum Einfluss von Sprache auf die Ereignissegmentierung und die sprachabhängige Wahrnehmung und Verarbeitung von Bewegungsereignissen erfolgte erstmals durch Bohnemeyer et al. (2007). Sie teilten Sprachen in unterschiedliche Segmentierungstypen ein, die unter 4.3.1 näher betrachtet werden. Die Studie von Gerwien & von Stutterheim (2018) wurde im Hinblick auf die Ereignissegmentierung und die Event Unit Formation bereits erwähnt. Sie beziehen die Event Segmentation Theory von Zacks auf die Versprachlichung von Bewegungsereignissen. Neben den Eigenschaften der Segmentierung konnten sie auch Unterschiede in der Art der Lexikalisierung von Bewegungsereignissen feststellen. Unter 4.3.2 soll geklärt werden was unter Manner- und Path-Layer verstanden werden kann.

19

### 4.3.1 Macro-Event-Property

Bohnemeyer et al. (2007) untersuchten den Einfluss von sprachtypologischen Unterschieden auf die Segmentierung von Bewegungsereignissen. Den Sprechern der 18 untersuchten Sprachen wurden Videosequenzen gezeigt, in denen sich eine Figure von einem Startpunkt über einen Grenzpunkt hin zu einem Endpunkt bewegt. Im Input werden die Figure und die genannten Referenzpunkte als geometrische Figuren dargestellt. Um die untersuchten Sprachen unabhängig von grammatikalischen Unterschieden miteinander vergleichen zu können, führten die Forscher den Begriff der *Makro-Event-Property* ein. In Konstruktionen, die über die Makro-Event-Property verfügen, wird ein Event als ein „unique initial/ and or terminal boundary, a unique duration, and a unique position on the time line" (Bohnemeyer et al. 2007: 534) dargestellt. Die Sprachen unterscheiden sich dahingehend, in welcher Art und Weise die drei separaten Subevents *depature, passing* und *arrival* in Einheiten miteinander verbunden werden. Vereinfacht sprechen Bohnemeyer et al. (2010) von *individualisierten* Subevents, wenn Äußerungen wie in Beispiel (24) konstruiert werden. Die folgenden Beispiele sind aus dem Datensatz der Studie dieser Arbeit entnommen und werden nach dem folgenden Schema gekennzeichnet: [Szene_Proband_Kondition][6]

(24) Eine Frau überquert einen Weg und geht zu einer Sportanlage.

(25) Eine Frau läuft über einen Weg hin zu einigen Geräten.

Das Verb *überquert* erstreckt sich in diesem Beispiel bis zu dem Zeitpunkt, in dem der Wegabschnitt von der Figure abgeschlossen ist. Durch *geht* wird wiederum der Punkt beschrieben, an dem sich die Figure vom Ende des Wegabschnitts bis zur Ankunft an der Sportanlage bewegt. In Beispiel (25) wird die Bewegung von einem unbekannten Startpunkt, über den Weg, hin zu den Geräten durch ein finites Verb versprachlicht. Die in (24) und (25) dargestellten Bewegungsereignisse beschreiben die gleiche Videosequenz. In (24) hat der Sprecher zwei Macro-Events produziert und somit zwei zeitlich voneinander getrennte Ereignisse lexikalisiert. In (25) wird ein Macro-Event versprachlicht, das aus zwei Subevents besteht, die innerhalb einer Zeitspanne und somit nicht voneinander *individualisiert* stattfinden.

---

[6] Mit *EP* wurden die Konditionen mit potentiellem Endpunkt, also die kritischen Konditionen abgekürzt und mit *nEP* die Kontrollkonditionen ohne Endpunkt (s. Kapitel 6.1).

Ob eine Sprache mehr Macro-Events konstruiert und wie viele Subevents innerhalb eines Macro-Events versprachlicht werden können, hängt davon ab, ob in einer Sprache Manner- oder Path-Verben zur Lexikalisierung von Bewegungsereignissen bevorzugt werden. Manner-Verben sind mit mehreren Path-Segmenten kombinierbar, wohingegen in Sprachen, bei denen Path-Verben häufiger vorkommen, ein Path-Segment mit einem Path-Verb beschrieben wird. Aufgrund dieser Feststellungen wurden die untersuchten Sprachen in drei Segmentierungstypen eingeteilt. Als Faktoren wurden die Anzahl und Art der Subevents betrachtet, die innerhalb einer Sprache als ein Macro-Event konstruiert werden. In Sprachen des **Typ 1** Sprachen können die Subevents *departure, arrival* und *passing* in einem Macro-Event versprachlicht werden (Bohnemeyer et al. 2007: 509). In **Typ 2** Sprachen lassen sich *departure* und *arrival* in einem Macro-Event beschreiben, jedoch muss für *passing* ein neues Macro-Event konstruiert werden. Path wird in diesem Segmentierungstyp in Abhängigkeit der Sprache im Verbstamm und/ oder als Ground enkodiert. Der erste Segmentierungstyp kann in Bezug zu Talmys Typologie (2007) zu den S-Sprachen gezählt werden. Typ 2 ähnelt vor allem dem Muster der V-Framed Sprachen. Die Fähigkeit Path-Informationen auch außerhalb des Verbstamms auszudrücken (z.B. im Ground), bezeichnen Bohnemeyer et al. (2007) als double-marking (Bohnemeyer et al. 2007: 514). In Sprachen, die als **Typ 3** bezeichnet werden, wird für die Beschreibung der genannten Subevents jeweils ein separates Macro-Event mit jeweils einem Ground versprachlicht. Path wird wie in Typ 2 im Verbstamm kodiert und daher ähnelt dieser Typ zugleich dem Muster der V-Sprachen. Jedoch können keine Path-Informationen im Ground oder auf eine andere Weise außerhalb des Verbs versprachlicht werden, wodurch *double-marking* bei diesem Segmentierungstypen ausgeschlossen ist (Bohnemeyer et al. 2007: 515).

Das Deutsche kann als S-Framed Sprache dem ersten Typ zugeordnet werden. Neben dem Verb können im Türkischen Path-Informationen auch im Ground der Bewegung lexikalisiert werden (z.B. in Form von Fall-Markern). Das Türkische ist daher dem zweiten Segmentierungstypen zuzuordnen. In den Ergebnissen der vorliegenden Studie ist also zu erwarten, dass deutsche Probanden ihre Beschreibungen mit weniger Makro-Events konstruieren. Sie können die Referenzpunkte (Grenzübertritt und Endpunkt) nach den Ergebnissen von Bohnemeyer et al. 2007, in einem großen Makro-Event lexikalisieren. Die türkischen Probanden müssen demgegenüber, für die Lexikalisierung von Grenzübertritten und Endpunkten, jeweils ein Makro-Event konstruieren. Bei der

Beschreibung von Bewegungsereignissen mit den beiden Referenzpunkten müssen im Türkischen demnach mehr Segmente produziert werden als im Deutschen.

### 4.3.2 Manner-Layer und Path-Layer

In ihrer Studie zur Segmentierung und Lexikalisierung von Bewegungsereignissen konnten Gerwien & von Stutterheim (2018) feststellen, dass Sprecher verschiedener Sprachen ihre Aufmerksamkeit auf unterschiedliche *breakpoints* richten. Letztere sind für die Konstruktion von Event Units relevant. Die sprachspezifischen Eigenschaften entscheiden, ob das Event als Manner oder Path determiniert wird. Sie sprechen hierbei von verschiedenen *Layern* eines *thick events*, deren Auswahl in einer Äußerung davon abhängt, wie die Außenwelt wahrgenommen und strukturiert wird. So können Ereignisse z.B. als parallel verlaufend oder in aufeinander folgenden Abschnitten konzeptualisiert werden. Zur Lexikalisierung von Bewegungsereignissen wird sprachabhängig entweder der *Manner Layer* oder *Path Layer* ausgewählt. Dies geschieht, in Abhängigkeit davon, welche der Informationen aus dem visuellen Input in der jeweiligen Sprache salienter ist. Gerwien & von Stutterheim (2018) sowie Bohnemeyer et al. (2007) spalten die Sprachen der Welt nicht in zwei Sprachtypen und nehmen stattdessen feinere Unterscheidungen innerhalb einer Sprache vor. Im Gegensatz zu Bohnemeyer et al. (2007) gehen Gerwien & von Stutterheim (2018) nicht davon aus, dass Manner-Events gleichzeitig als Makro Events zu verstehen sind. Das bedeutet, dass ein thick event jeweils aus Manner- und Path-Layern bestehen kann, die durch den Event Typen bestimmt werden. Werden demnach die Beispiele (24) und (25) aus dem vorhergehenden Abschnitt erneut betrachtet, zeigt sich, dass in (24) zwei thick events konstruiert werden. Als erster Wegabschnitt wird der Grenzübertritt (BC) durch einen Path-Layer lexikalisiert. Die Lexikalisierung zum Endpunkt (EP) hin erfolgt in einem zweiten thick event in Form eines Manner-Layers. Der Path-Layer wird mittels *überschreiten* und der Manner-Layer mittels *geht* zeitlich und räumlich voneinander getrennt. In (25) werden der Grenzübertritt und der Weg zum Endpunkt durch ein thick event konstruiert. Es besteht aus einem Manner-Layer und einem Path-Layer, die zeitlich nicht voneinander getrennt werden (von Stutterheim et al. 2019). Diese Unterscheidung wird im Folgenden visuell dargestellt.

Zu Beispiel 24: *Eine Frau überquert einen Weg und geht zu einer Sportanlage.*

```
thick event 1      thick event 2
Path-Layer         Manner-Layer

    [/][-------------------/--]--

    BC                      EP
```

Zu Beispiel 25: *Eine Frau läuft über einen Weg hin zu einigen Geräten.*

```
                 thick event
                 Manner-Layer
        [---/-------------------/--]--

        BC                      EP
```

Wird das Türkische anhand der bereits dargelegten Eigenschaften analysiert, ist davon auszugehen, dass Path-Layer und Manner-Layer separat voneinander, das bedeutet in jeweils einer Event Unit, versprachlicht werden. Dahingegen ist es im Deutschen möglich, Manner- und Path-Informationen in einer Event Unit gemeinsam zu lexikalisieren. Nach der Einteilung von Gerwien & von Stutterheim (2016) kann das Türkische als eine *Path-Layer-focusing* und das Deutsche als eine *Manner-Layer-focusing* Sprache eingeteilt werden. Für beide Sprachtypen ergeben sich jedoch Einschränkungen: Demnach wird in Path-Layer-focusing Sprachen der Path durch ein finites Verb ausgedrückt und Manner durch ein separates subordinierendes Verb. Für die Versprachlichung unterschiedlicher Path Segmente mit Bezug auf verschiedene Ground-Abschnitte wird jeweils ein Verb benötigt. Im Deutschen wird der Manner-Layer durch ein finites Verb ausgedrückt und mehrere Path-Segmente können mittels eines Path-Ausdrucks versprachlicht werden (Gerwien & von Stutterheim 2016).

# 5. Empirischer Teil der Studie

Im theoretischen Teil der Arbeit wurde der Zusammenhang zwischen Kognition und Sprache anhand der *Event Segmentation Theory* von Bohnemeyer et al. (2007) und der *Event Unit Formation* Theorie von Gerwien & von Stutterheim (2018) dargelegt.

Gerwien und von Stutterheim (2018) zeigten, dass die Segmentierung von Bewegungsereignissen auch in der Lexikalisierung sichtbar wird. Sie stellten fest, dass sowohl bei der verbalen als auch bei der non-verbalen Aufgabe auf die gleichen mentalen Repräsentationen zurückgegriffen wird, um Unterbrechungen (Grenzen) zu identifizieren und den Input zu segmentieren. Wie häufig segmentiert wird und welche Informationen salienter sind, hängt von sprachspezifischen Mustern ab. Das Französische als Path-Sprache tendiert dazu ein Ereignis in mehr als einer Äußerung auszudrücken, wohingegen im Deutschen eine Event-Unit mit einem finiten Verb konstruiert wird. Durch die unterschiedlichen sprachlichen Mittel werden Aufmerksamkeitsmuster generiert.

Das Französische und das Deutsche wurden von Wutz (2018) im Hinblick auf die Segmentierung und Lexikalisierung mit den beiden Informationen Grenzübertritt und Endpunkt untersucht. Sie konnte die Ergebnisse von Gerwien & von Stutterheim (2018) nochmals bestätigen, da sich eine Übereinstimmung der non-verbalen und verbalen Aussagen zeigte. Zudem zeigte sich, dass für Französisch-Muttersprachler Path-Informationen und der Grenzübertritt besonders salient waren. Die Deutsch-Muttersprachler richteten ihre Aufmerksamkeit auf Manner-Informationen und den Endpunkt. Zudem segmentierten die Französisch-Sprecher häufiger und bildeten mehr Subevents als die Deutsch-Sprecher.

Wutz (2018) untersuchte im Rahmen ihrer Masterarbeit ebenso die Segmentierung und Lexikalisierung von Bewegungsereignissen im Deutschen und Französischen. Den Probanden wurden Videosequenzen gezeigt, in denen sich die Figure entlang eines Wegabschnitts bewegt. Statt eines Orientierungs- oder Richtungswechsels, sind im Input Referenzpunkte in Form von einem Grenzübertritt und einem Endpunkt zu sehen. Sie konnte die Ergebnisse von Gerwien & von Stutterheim (2018) bestätigen, da auch bei der Segmentierung und Lexikalisierung von Event Units eine Übereinstimmung festgestellt werden konnte. In der vorliegenden Arbeit soll untersucht werden, wie sich Türkisch-Muttersprachler im Vergleich zu Deutsch-Muttersprachlern bei der Lexikalisierung von Bewegungsereignissen mit Grenz- und Endpunkten verhalten. Die Relevanz von den genannten Referenzpunkten auf die Wahrnehmung und Segmentierung von Bewegungsereignissen, konnte im theoretischen Teil dargelegt werden. Für die Lexikalisierung von jedem neuen Ground-Abschnitt, muss im Türkischen ein finites Verb verwendet werden, also auch bei der Überschreitung einer Grenze. Im Deutschen ist es möglich, in solchen Fällen eine Äußerung mit einem finiten Verb und mehreren Path-

Satelliten zu lexikalisieren. Endpunkte sind in beiden Sprachen aufgrund des fehlenden grammatikalisierten Aspekts von Bedeutung. Zur Untersuchung des Deutschen, wurde der vorhandene Datensatz von Wutz (2018) übernommen. Es werden die gleichen Stimuli eingesetzt, um die Daten für das Türkische zu erheben. Aufgrund einer Rekodierung und neu Aufbereitung der Daten, erfolgt eine Sekundäranalyse des Deutschen. Die transkribierten Daten wurden neu aufbereitet. Der Ablauf und die Erhebungskriterien entsprechen weitestgehend dem der Erhebung der Deutschen Daten (Aufbereitung der Stimuli, Fragestellung an Probanden etc.). Dadurch soll die Vergleichbarkeit der beiden Datensätze gewährleistet werden.

Das Türkische ist wie das Französische als Path-Sprache einzuordnen, daher werden bei den Ergebnissen Schnittstellen erwartet, z.B. durch die Einschränkungen in Boundary-Crossing Situationen. Im theoretischen Teil konnten durch Ergebnisse von Untersuchungen zu Bewegungsereignissen im Türkischen auch sprachspezifische Eigenschaften festgestellt werden. Die Ergebnisse in den bisherigen Untersuchungen zum Türkischen, beeinflussten die Fragestellung und die einhergehenden Hypothesen, die im folgenden Abschnitt aufgezeigt werden.

## 5.1 Fragestellung und Hypothesen

Die Lexikalisierung von Grenzübertritten im Türkischen wurde bereits von Özçalışkan (2013) untersucht, indem Türkisch-Muttersprachler Bildserien beschreiben sollten, in denen die Figure eine Grenze überquert. Sie betrachtete den Einfluss der sprachlichen Mittel auf die Endkodierung von Manner und Path. Es wurde bisher noch keine Studie durchgeführt, in der die Aussagen von Türkisch-Sprechern bei der Beschreibung eines dynamischen, visuellen Inputs mit Grenz- und Endpunkten untersucht wird. Es stellen sich im Hinblick auf die genannten Aspekte folgende Fragen:

1) Wie nehmen Türkisch-Sprecher Referenzpunkte in Form von Grenz- und Endpunkten wahr und werden diese in den Äußerungen lexikalisiert? Welche Unterschiede zeigen sich im Vergleich zum Deutschen?

2) Welchen der beiden Referenzpunkte kommt eine größere Aufmerksamkeit zu und zeigen sich Muster, die Rückschlüsse auf eine Hierarchie (Gerwien 2019) innerhalb der beiden Sprachen erlauben? (ground-based/ figure-based)

Hypothesen zu Fragestellung 1 und 2:

Es ist aus den gegebenen Gründen im theoretischen Teil der Arbeit grundsätzlich zu erwarten, dass Türkisch-Muttersprachler Grenz- und Endpunkte wahrnehmen und diese in ihren Aussagen versprachlichen. Özçalışkan (2013) zeigte für das Türkische, dass die Lexikalisierung von Grenzübertritten durch Path-Verben erfolgt. Sie konnte aber auch feststellen, dass in einer signifikanten Anzahl an Aussagen kein Grenzübertritt beschrieben wurde, sondern eine Lokalisierung der Figure in der Region nach der Grenze erfolgte. Außerdem wurde die Bewegung der Figure bis zur Grenze beschrieben, ohne diese zu überschreiten (ebd.: 8). Auch Aksu-Koç (1994) konnte bei den Beschreibungen der Frog Story durch Türkisch-Sprecher, neben den dynamischen Beschreibungen, viele Lokalangaben feststellen. Durch sie machten die Probanden nähere Angaben zum Endzustand der Figure. Aus den Ergebnissen der Untersuchungen von Özçalışkan (2013) und Aksu-Koç (1994) kann für die Ergebnisse der vorliegenden Studie hergeleitet werden, dass die Versprachlichung des Grenzübertritts häufig erfolgt. Die häufige Lokalisierung nach der Grenze in der Untersuchung von Özçalışkan (2013), kann in Bezug auf Aufmerksamkeitsmuster wie folgt interpretiert werden: Im Türkischen ist das Ziel der Figure salienter als die Path-Informationen und daher wird die Aufmerksamkeit auf den Endzustand der Bewegung gerichtet. Es ist also denkbar, dass die Türkisch-Muttersprachler in Situationen mit beiden Referenzpunkten den Grenzpunkt ignorieren und nur die Bewegung hin zum Endpunkt lexikalisieren.

Für das Deutsche konnten von Stutterheim et al. (2012) bereits zeigen, dass durch das Fehlen des Aspektsystems der Endpunkt eine wichtige Rolle spielt und dieser häufig versprachlicht wird, um ein holistisches Ereignis zu erzeugen. Das Türkische verfügt nur bei Vergangenheitstempora über einen grammatikalisierten Aspekt. Ein Zusammenhang zwischen dem fehlenden Aspektsystem im Türkischen und der Lexikalisierung von Endpunkten wurde bisher nicht betrachtet. Für das Deutsche ist davon auszugehen, dass der Endpunkt auch in dieser Untersuchung lexikalisiert wird, um ein holistisches Ereignis zu erzeugen. Für das Türkische ist denkbar, dass die Endpunkte in diesem Kontext ebenfalls wichtig sind und oft versprachlicht werden.

Auch in Bezug auf die Unterscheidung zwischen den räumlichen Framing-Kategorien figure-based und ground-based durch von Stutterheim et al. (2019), können Rückschlüsse auf die Aufmerksamkeitsmuster des Deutschen und Türkischen gemacht werden. Für das Französische konnten von Stutterheim et al. (2019) bereits einen Zusammenhang zwischen der Relevanz der Figure-Komponente und der häufigen Lokalisierung feststellen. Die Französisch-Sprecher wählten den Manner-Layer, wenn keine Informationen zur Richtung der Figure gegeben wurden. Auch für das Türkische können Rückschlüsse gemacht werden, durch die häufige Lokalisierung in bisherigen Untersuchungen. In Boundary-Crossing Situationen kann kein Manner-Verb lexikalisiert werden. Möchten die Sprecher nähere Informationen zur Aktivität der Figure geben, werden sie also entweder ein syntaktisch aufwendigeres Konverb einbauen, oder sie ignorieren das Boundary-Crossing und lokalisieren die Figure.

3) Werden im Türkischen im Vergleich zum Deutschen mehr Segmente und Äußerungen konstruiert, um Grenz- und Endpunkte zu lexikalisieren?

Hypothese zu Fragestellung 3:

Wenn Türkisch-Muttersprachler in der kritischen Kondition (Videosequenz mit Grenzpunkt und Endpunkt s. 5.2.2) den Grenzpunkt und den Endpunkt versprachlichen wollen, müssen sie in der Beschreibung mindestens zwei Verbalphrasen konstruieren. Daher wird erwartet, dass in der kritischen Kondition für die Nennung beider Referenzpunkte mindestens zwei Event Units lexikalisiert werden. Der Zusammenhang zwischen der Event Unit Formation und der Ereignissegmentierung, wurde im theoretischen Teil dargestellt. Die Anzahl der Event Units entspricht auch der Anzahl an Segmentierungen (Gerwien & von Stutterheim 2018). Mehr Event Units bedeuten also für das Türkische auch eine häufigere Segmentierung des Inputs. Im Deutschen kann ein finites Verb mit mehreren Path-Komponenten kombiniert werden. Es wird also in einer Äußerung Bezug zu mehreren Ground-Abschnitten genommen. Von Stutterheim et al. (2019) zeigten, dass Deutsch-Muttersprachler daher weniger Event Units konstruieren und seltener segmentieren als die Französisch-Muttersprachler.

## 5.2 Experimentendesign

### 5.2.1 Probanden

Die Kontaktaufnahme zu den Probanden erfolgte über eine Anzeige auf dem sozialen Netzwerk Facebook und einen Aushang in den Räumlichkeiten der Universität Heidelberg. Die 20 Deutsch-Muttersprachler wurden im Rahmen der vorherigen Studie in einem Fragebogen nach dem Alter, zum sprachlichen Hintergrund und zum Bildungsstand befragt. Auch von den 20 Türkisch-Muttersprachlern wurden die statischen Daten über einen Fragebogen ermittelt. Bei der türkischen Sprachgruppe handelt es sich größtenteils um Bilinguale, die in Deutschland aufgewachsen sind und zu einem frühen Erwerbsalter Türkisch und Deutsch lernten (11). Die anderen Probanden haben Türkisch als Erst- und Deutsch als Zweitsprache (9). Sie kamen im Jugendalter nach Deutschland. Im Rahmen der Bachelorarbeit, konnten die Daten ausschließlich in Deutschland erhoben werden und die Probandensuche war aufgrund des zeitlichen Rahmens eingeschränkt. Es konnten daher keine Monolingualen Sprecher untersucht werden. Die türkischen Probanden wurden nach der Häufigkeit des Sprachkontakts befragt. Die Voraussetzung für eine Teilnahme war, dass mindestens einmal die Woche Türkisch gesprochen wurde. Die meisten Teilnehmenden gaben an, täglich Türkisch zu sprechen (75%). Das Alter der Probanden war ausgeglichen (dt. 50%, tr. 45% zwischen 18 und 30 Jahren; dt. 50%, tr. 55% über 30 Jahre alt), in beiden Sprachgruppen nahmen 65% weibliche und 35% männliche Teilnehmenden teil. Der Bildungstand war in beiden Sprachgruppen ausgewogen. Um die Anonymität zu gewähren, wurde jedem Probanden zu Beginn des Experiments eine Zahl zugewiesen.

### 5.2.2 Stimuli

Das Stimulus-Material besteht aus Videoclips mit einer Länge von 1-12 Sekunden, in der sich eine Figure in Bewegung befindet. Die 51 dargestellten Videosequenzen wurden aus einer im Rahmen des Masterabschlusses erfolgten Studie (Wutz 2018) zum Vergleich von Bewegungsereignissen im Deutschen und Französischen übernommen. Die Videoclips zeigen 16 Szenen, die acht kritische und acht Kontrollkondition darstellen. Die beiden Konditionen zeigen das gleiche Ereignis aus unterschiedlichen Perspektiven und stellen alltägliche Bewegungsabläufe dar. In der Kontrollkondition bewegt sich die Figure entlang eines Wegabschnitts. Etwa in der Mitte der Szene befindet sich eine Grenze, die in Form eines Objekts (Gartenschlauch, Besen) oder einer Veränderung des Wegabschnitts (Blumenbeet, Bahngleise) auftritt. Diese wird von der Figure überwunden und der Wegabschnitt in der Bewegungsbahn wird fortgesetzt. Die kritische Kondition entspricht der Kontrollkondition, jedoch befindet sich am Ende der Bewegung ein potentieller Endpunkt, zu dem sich die Figure direkt hinbewegt. Die Videosequenz hört kurz vor dem Erreichen des Endpunktes auf. Grenzpunkte und Endpunkte sind eindeutig sichtbar und können als Referenzpunkte wahrgenommen werden. Die Referenzpunkte wurden so ausgewählt, dass sie nicht ungewöhnlich wirken und nicht zu auffällig sind. Sie sind der Umgebung angepasste Objekte oder Teil der Umgebung. Die Bewegung der Figure variiert (joggen, laufen, gehen, Rad fahren), bleibt aber in einer gleichmäßigen

Geschwindigkeit und ist nicht ungewöhnlich oder auffällig, wie es z.B. bei einer Sprungbewegung der Fall wäre. Eine solche würde zu eindeutig auf einen Grenzpunkt hinweisen. In den Stimuli sind zudem Videoclips vorhanden, die als Füllmaterial dienen und in denen sowohl dynamische Bewegungsabläufe (Kerze anzünden, Kaffeezubereitung), als auch Bewegungsereignisse gezeigt werden, die entweder einen Grenzübertritt oder einen Endpunkt darstellen, jedoch nicht beide Referenzpunkte innerhalb einer Sequenz enthalten. In jedem Durchlauf bekamen die Probanden zunächst drei Übungsvideos zu sehen und im Anschluss acht Videos mit Kontrollkondition, acht mit kritischer Kondition und 16 Filler-Videos, die in einer zufälligen Reihenfolge gezeigt wurden.

### 5.2.3 Durchführung

Die Teilnehmenden wurden in der zu untersuchenden Sprache begrüßt und im weiteren Verlauf wurde die Kommunikation in der jeweiligen Sprache fortgeführt. Wurde beim Gespräch mit den Probanden deutlich, dass die Türkisch Bilingualen Sprecher über zu geringe Sprachkenntnisse verfügten (lange Sprechpausen, Bitten um Wiederholung des Gesagten auf Deutsch, häufiges Code-Switching), wurde das Experiment abgebrochen. Dazu kam es nur in einem Fall. Die Datenerhebung wurde an einem ruhigen Ort durchgeführt, wobei die Räumlichkeit variierte. Es wurde darauf geachtet, dass keine Ablenkungen vorhanden sind und die Teilnehmenden sich auf die Aufgabenstellung konzentrieren können. Jeder Teilnehmende wurde individuell getestet. Ferner erfolgte die Instruktion, die mündlich wiedergegeben wurde und vor dem Beginn auch nochmal in schriftlicher Version, auf dem Bildschirm zu sehen war. Die Aufgabenstellung lautete für beide Sprachgruppen, zu beschreiben was in den Videos passiert (siehe Anhang) für die genauen Instruktionen in beiden Sprachen). Daraufhin wurde den Probanden Zeit gegeben offene Fragen zu stellen. Die Videos wurden auf einem Lenovo ThinkPad Laptop Modell X230 mit einem 12 Zoll Bildschirm gezeigt. Zunächst sahen sich die Probanden drei Übungsvideos an. Daraufhin folgte das eigentliche Experiment, dessen Länge zwischen ca. 10 und 15 Minuten lag. Mit Beginn jedes Videos wurde die Audioaufnahme gestartet. Nach Ablauf der Videosequenz folgte ein schwarzer Bildschirm, bei dem die Audioaufnahme fortgesetzt wurde. Sobald der Teilnehmende seine Beschreibung beendete, drückte er auf die Leertaste, wodurch die Aufnahme gestoppt wurde. Die Experimente wurden mit dem Programm Open Sesame (Mathôt,

Schreij & Theeuwes 2012) für psychologische und neurowissenschaftliche Studien durchgeführt.

# 6. Datenanalyse

Im Folgenden wird zunächst die Kodierung der Daten bestimmt und anschließend werden die Ergebnisse der Analyse dargestellt.

## 6.1 Kodierung der Daten

Die erhobenen Sprachdaten wurden von einer Deutsch-Türkisch bilingualen Muttersprachlerin transkribiert und kodiert[7]. Berücksichtigt wurden bei der Kodierung die für die Beschreibung des Bewegungsereignisses relevanten Aussagen. Somit wurden den Inhalt nicht betreffende Äußerungen (Versprecher, Pausen, Interjektionen) nicht berücksichtigt. Es kam vor, dass Abschnitte von Äußerungen oder in wenigen Fällen die gesamte Äußerung unverständlich waren. Dies wurde nachfolgendem Schema durch eine eckige Klammer gekennzeichnet:

(26) Hortumun üstünden geçip [...]. [4_4018_EP][8]
*Über den Gartenschlauch laufend...*

In Anlehnung an Gerwien & von Stutterheim (2018), wurde eine Äußerung mit einem finiten Verb, welche Bezug auf das Bewegungsereignis im Video nimmt, als linguistische Einheit definiert (ebd.: 229). In Beispielen wie (27) und (28) wurde jeweils eine Äußerung, in (29) und (30) zwei und in (31) drei Äußerungen gezählt.

(27) Eine Frau überquert einen Bahnübergang. [5_3008_nEP]

(28) Kız rayların üstünden geçdi. [5_4005_nEP]
*Das Mädchen überquerte die Bahngleise.*

(29) Eine Frau überquert eine Laufbahn und rennt dann auf das Gras in der Mitte drauf zu. [10_3002_nEP]

(30) Bir kız koşualanın üstünden geçip, çimenlerin üstünden geçdi. [10_4016_nEP]
*Ein Mädchen überquerte die Rennbahn, danach überquerte sie die Rasenfläche.*

(31) Eine Frau läuft im Schwetzinger Schlossgarten auf eine andere Frau zu und überquert dabei einen Weg und kommt auf eine gegenüberliegende Rasenfläche.

---

[7] Die deutschen und türkischen Äußerungen wurden ohne die Verwendung eines Transkriptionssystems von der Verfasserin der Arbeit transkribiert und kodiert.
[8] Schema zur Quellenangabe aus dem Datensatz: [Szene_Proband_Kondition]

Äußerungen wie in (32), mit finiten Verben, die keinen Bezug zum Bewegungsereignis haben, wurden nicht als Event Units gezählt.

(32) İki arkadaş *buluşiyor.* [11_4016_EP]
*Zwei Freunde treffen sich.*

Ausgeschlossen wurden auch ambige Sätze, wie in Beispiel (33). Es könnte zum einen gemeint sein, dass die Figure durch den Park spaziert oder aber auch, dass sie diesen vollkommen durchquert und somit ein Grenzübertritt erfolgt. Solche Sätze wurden als *ambig* gewertet.

(33) Die Frau geht durch den Park.

Die von der Analyse ausgeschlossenen Antworten, können für die jeweilige Sprache und Kondition im Anhang eingesehen werden.

Ein weiterer besonderer Fall ist durch die Verwendung von Adverbien wie *entlang* gegeben, deren Verwendung bereits in Kapitel 2.3.1 betrachtet wurde. In Verbindung eines Weg-Verbs, wird in (34) ein Bewegungsereignis konstruiert, das zwar Direktionalität ausdrückt, aber keinem Bezug auf eine zielgerichtete Bewegung nimmt. Konstruktionen mit *entlang* wurden als *unspezifisch direktional* (ud) kodiert. In den türkischen Daten gibt es zu diesem Fall keine Äquivalente.

(34) Eine Person läuft einen Kiesweg entlang. [1_3011_EP]

In der Analyse wurden zudem Beschreibungen berücksichtigt, in denen die Figure nicht in Relation zu einem Bewegungsereignis beschrieben wird, sondern innerhalb eines Ground-bezogenen (35, 36), oder nicht bestimmten Wegabschnitts (37,38) lokalisiert wird. Die Relevanz von Lokalisierungen oder auch Screenshots (von Stutterheim et al. 2019), in Zusammenhang zu den bevorzugten Aufmerksamkeitsmustern, wurde im theoretischen Teil erläutert (s. 4.1.1).

(35) Das Mädchen fuhr mit ihrem Fahrrad. [6_3017_nEP]

(36) Bir      kadın    çimen-in      üst-ün-de              yür-üyor. [2_4009_nEP]
Ein    Frau    Wiese-GEN    oben-POSS-LOK    laufen-PRS
*Eine Frau läuft auf der Wiese.*

(37) Eine Frau läuft in der Stadt. [7_3010_nEP]

(38) Çocuk      bisiklet      sür-üyor. [6_4015_EP]
Kind      Fahrrad      fahren-PRS.
*Ein Kind fährt Fahrrad.*

Die Bewegungsabläufe, die im Video zu sehen sind, können in verschiedene Wegabschnitte unterteilt werden. In dieser Arbeit werden die relevanten Wegabschnitte, im Hinblick auf die Segmentierungstheorie von Bohnemeyer et al. (2007), in verschiedene Segmente definiert.

**Startpunkt:**

**Boundary-Crossing:**

**Endpunkt:**

*Abbildung 2: Schematische Darstellung der definierten Segmenttypen in den jeweiligen Wegabschnitten*

Die Darstellung in Abbildung 2 wurde in Anlehnung an Wutz (2018) angefertigt und zeigt die definierten Segmenttypen auf. Segment 1 definiert den Abschnitt vom Startpunkt bis zum BC, durch Segment 2 wird der Abschnitt vom BC bis zum EP oder die Bewegung weg vom BC ohne eine Richtungsangabe beschrieben. Die Unterteilung in Segment 1 und 2 setzt also voraus, dass der Grenzpunkt als Referenzpunkt lexikalisiert wird, aber nicht, dass ein EP genannt werden muss. In Segment 3 wird der Wegabschnitt angegeben, der sich vom Startpunkt bis zum EP, erstreckt. Bei der Kodierung wird für Segment 3 die Nennung eines EP vorausgesetzt, da es sich bei einer Beschreibung ohne BC und ohne EP um keine direktionale oder zielgerichtete Bewegung handelt, sondern um eine atelische Bewegung. Die Kodierung von atelischen

Bewegungen fällt unter eine andere Kategorie[9].

In den Beispielen (39) bis (40) wird der Input in der kritischen Kondition mit BC und EP versprachlicht. Wird der Weg vom BC bis zum EP als Bewegung beschrieben, erfolgt auch eine Referenz zum Wegabschnitt, der zwischen beiden Referenzpunkten liegt. Anders wäre dies der Fall, wenn die Figure nach dem BC beim Endpunkt lokalisiert wird[10]. In (39) und (40) sind die Stellen dick markiert, durch die Segment 2 ausgedrückt wird. Im Deutschen können durch die Satelliten, deren Verwendung aus Beispiel (41) hervorgeht, mehrere Segmente durch ein finites Verb ausgedrückt werden. In (41) sind die Stellen kursiv markiert, die Bezug zu den Segmenten und Referenzpunkten nehmen.

> (39) Eine Frau **läuft** über ein Absperrband auf ein Holzkästchen **zu**. [1_3019_EP]
>      BC+2+EP

> (40) Eine Frau *geht über* einen Schotterweg *durch* ein Beet *auf* eine Rasenfläche *auf*
>      einen Brunnen *zu*. [2_3004_EP]
>      1+BC+2+EP

> (41) Bir     bayan   köprü-**den**    araba-**ya**    **doğru**      koş-uyor.
>      [3_4003_EP]
>      Ein   Frau   Brücke-ABL   Auto-DAT    richtung    rennen-PRS.
>      *Eine Frau rennt über die Brücke zum Auto*
>      BC+2+EP

In (42) und (43) zeigen wie Segment 3 zugeordnet wird.

> (42) Die Frau fährt auf dem Skateboard zur Mülltonne.

> (43) Bayan      arkadaş-ın-a         doğru       yür-üyor. [11_4015_EP]
>      Frau     Freund-POSS-DAT    richtung    laufen-PRS
>      *Eine Frau läuft zu ihrer Freundin.*
>      3+EP

Die Segmente werden als räumliche Abschnitte entlang einer Direktionalen vom Startpunkt bis Endpunkt definiert und kodiert. Die Reihenfolge, in der sie lexikalisiert werden ist somit durch die Videosequenz vorstrukturiert. Da der visuelle Input sehr

---

[9] Segment 3 versteht Wutz (2018) als eine Beschreibung mit Bezug zu einem Ground ohne Referenz auf BC oder EP. Darunter fasst sie Beschreibungen, die hier entweder als Lokalisierung oder unspezifisch direktional (z.B. durch Adverbien wie „entlang") gewertet werden oder aus der Analyse herausgenommen wurden, weil sie z.B. die Bewegung aus einer zwei-dimensionalen Perspektive beschreiben: „Jemand fährt quer von rechts nach links" (ebd.: 36f).
[10] Wutz (2018) geht davon aus, dass die Distanz zwischen BC und EP darüber entscheidet, ob Segment 2 kodiert wird. Es wird eine Referenz auf den entsprechenden Wegabschnitt durch ein Verb oder einen Präfix-Satelliten vorausgesetzt, der den Wegabschnitt erkenntlich macht (ebd.: 37).

kurzweilig ist und es außer den beiden Referenzpunkten keine Auffälligkeiten gibt, die die zeitliche Struktur der Aussage der Probanden beeinflussen könnte, ist davon auszugehen, dass die Sprecher in den meisten Fällen die Segmentabschnitte in der Reihenfolge der Bewegung der Figure versprachlichen werden. Es ist aber auch möglich, dass die Segmente in einer von dem im Video gezeigten Ablauf abweichenden Reihenfolge lexikalisiert werden (44).

(44) Ein Hund springt über einen Besen, während er auf eine Frau, die gebückt vorne sitzt, zurennt. [15_3002_EP]
BC+3+EP

## 6.2 Anzahl der Äußerungen

In den Aussagen der deutschen Probanden kommen zwischen einer und maximal drei Äußerungen[11] vor, während in denen der türkischen zwischen einer und zwei Äußerungen getätigt werden. Im Schnitt wurden insgesamt 1,15 Äußerungen produziert. Der Mittelwert liegt bei den Aussagen der deutschen Probanden bei 1,19 und bei den der Türkischsprachigen bei 1,11 Verben. In der kritischen Kondition lexikalisierten die deutschen Probanden mit 1,20 Verben. In der Kontrollkondition waren es im Schnitt 1,18. Die türkischsprachigen Probanden verwendeten in der kritischen Kondition 1,13 und in der Kontrollkondition 1,10 Verben.

*Tabelle 1: Mittelwert der Anzahl an finiter Verben nach Sprache und Kondition*

| Sprachen | Deutsch | | Türkisch | |
|---|---|---|---|---|
| | Summe | Mittelwert (SD) | Summe | Mittelwert (SD) |
| **kritisch** | 179 | 1,20 (0,50) | 157 | 1,13 (0,34) |
| **kontroll** | 156 | 1,19 (0,47) | 141 | 1,10 (0,30) |

Bei der Anzahl von Aussagen mit einem oder zwei Verben, zeigen sich zwischen den Sprachen und den Konditionalen keine signifikanten Unterschiede. In den Lexikalisierungen der türkischsprachigen Probanden kommt tendenziell häufiger nur ein finites Verb vor (87,1%) als in denen der deutschen Probanden (83,9%). In 4,1 % Aussagen wurden von den deutschen Probanden in der kritischen Kondition drei

---

[11] Eine Äußerung entspricht einer Einheit mit einem Verb (Gerwien & von Stutterheim 2018)

Äußerungen produziert, wohingegen es in den türkischen Daten keine Beschreibungen mit mehr als zwei finiten Verben gibt.

*Tabelle 2: Anzahl von 1, 2 und 3 finiter Verben nach Sprache und Kondition*

| Sprachen | Deutsch | | | Türkisch | | |
|---|---|---|---|---|---|---|
| Anzahl Verben | 1 | 2 | 3 | 1 | 2 | 3 |
| gesamt | 83,9% | 12,5% | 3,6% | 87,1% | 11,4% | 0,00% |
| kritisch | 83,7% | 12,9% | 4,1% | 86,0% | 12,9% | 0,00% |
| kontroll | 84,2% | 12,0% | 3,0% | 87,8% | 9,9% | 0,00% |

Noch deutlicher zeigt sich der Unterschied zwischen den beiden Sprachen, wenn die Anzahl der Aussagen mit mehr als zwei finiten Verben betrachtet werden. Die deutschsprachigen Probanden lexikalisierten in 16,07% der Fälle mit mehr als zwei Äußerungen und somit signifikant häufiger als die Türkisch-Sprecher mit 11,44%.

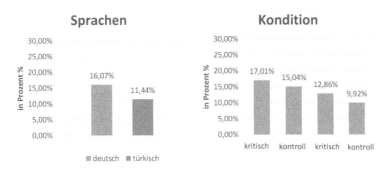

*Abbildung 3: Anteil an Antworten mit mehr als zwei Äußerungen*

Allgemein kann gesagt werden, dass die türkischen Probanden weniger Event Units produzierten als die deutschen.

## 6.3 Anzahl und Kombination der Segmente

Tabelle 3 zeigt die Anzahl der Segmenttypen nach Sprache und Kondition. In den deutschen Daten kommt Segment 2 mit 22,5% am häufigsten vor, welches bei den türkischsprachigen Probanden im Vergleich mit 8,5% halb so oft versprachlicht wurde. Am häufigsten kommt in den türkischen Sprachdaten das Segment 0 vor (24,4%). Mit

Segment 0 sind die unter 2.3.2 definiteren *screenshots*, die Angaben zur Lokalität der Figure geben, gemeint. In den deutschen Daten wurden hingegen signifikant weniger screenshots von der Aktivität der Figure gemacht (6,4%). Segment 3 ist das Einzige, dass im Türkischen (15,1%) neben Segment 0 häufiger versprachlicht wurde als im Deutschen (10,4%). Unter den Wegabschnitten, die auf eine direktionale Bewegung referieren, ist Typ 3 bevorzugt lexikalisiert worden. Es ist das einzige Segment, dass die Beschreibung einer Bewegung hin zum Endpunkt voraussetzt.

*Tabelle 3: Anzahl der Segmenttypen nach Sprache und Kondition*

| Sprachen | Deutsch | | | | Türkisch | | | |
|---|---|---|---|---|---|---|---|---|
| Segmenttyp | S 0 | S 1 | S 2 | S 3 | S 0 | S 1 | S 2 | S 3 |
| gesamt | 6,4% | 8,6% | 22,5% | 10,4% | 24,4% | 3,7% | 8,5% | 15,1% |
| kritisch | 4,8% | 8,8% | 32,0% | 18,4% | 17,9% | 2,1% | 10,7% | 26,4% |
| kontroll | 8,3% | 8,3% | 12,0% | 1,5% | 31,3% | 5,3% | 6,1% | 3,0% |

In Abbildung 4 wurde dieser Unterschied nochmals hervorgehoben. In der kritischen Kondition wird Segment 3 signifikant häufiger von den türkischsprachigen Probanden lexikalisiert, als in der Kontrollkondition.

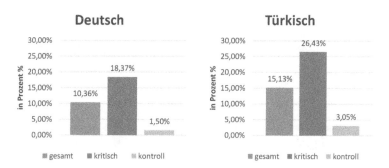

*Abbildung 4: Anzahl Häufigkeit Segment 3 nach Sprache und Kondition*

In Tabelle 4 ist die Anzahl der Segmente anteilig zur Gesamtzahl der Aussagen, nach Sprache und Kondition angegeben. Bei der Gesamtanzahl der Segmente gibt es zwischen den Sprachen keine größeren Unterschiede. Die Aussagen der türkischen Probanden bestehen häufiger aus drei Segmenten und bei den deutschen Probanden wurden auch Lexikalisierungen mit vier Segmenten vorgenommen. Unterschiede zeigen sich beim

Betrachten der Konditionen. Die Türkisch-Muttersprachler lexikalisierten in der kritischen Kondition häufiger mit einem Segment, als die Deutsch-Muttersprachler. Auffällig ist auch, dass in den Aussagen der deutschen Probanden signifikant häufiger drei Segmente in der kritischen Kondition lexikalisiert wurden (31,3%) als bei den türkischen Probanden (8,6%). In der Kontrollkondition zeigt sich bei der Anzahl von drei Segmenten auch ein Unterschied (Deutsch: 9,8%); Türkisch: 1,5%).

*Tabelle 4: Anzahl der Segmente nach Sprache und Kondition*

| Sprachen | Deutsch | | | | Türkisch | | | |
|---|---|---|---|---|---|---|---|---|
| **Anzahl Segmente** | 1 | 2 | 3 | 4 | 1 | 2 | 3 | 4 |
| **gesamt** | 47,5% | 17,5% | 21,1% | 1,8% | 48,0% | 19,2% | 5,2% | 0% |
| **kritisch** | 35,4% | 21,8% | 31,3% | 3,4% | 42,9% | 26,4% | 8,6% | 0% |
| **kontroll** | 60,9% | 12,9% | 9,8% | 0% | 53,4% | 11,5% | 1,5% | 0% |

Generell kann festgehalten werden, dass die türkischen Probanden bevorzugt mit einem Segment lexikalisieren und die Figure in ihrer Aktivität näher beschreiben. Das zeigt sich in der hohen Anzahl vom Segmenttyp 0 und der vergleichsweisen niedrigen Anzahl vom Segmenttyp 2, der bei den Aussagen der deutschen Probanden am stärksten vertreten ist. Unterschiede zwischen Deutsch und Türkisch sind zwischen den Konditionen bei der Anzahl vom Segmenttyp 3 in der kritischen Kondition zu erkennen. Die türkischen Sprecher versprachlichten in der kritischen Kondition bevorzugt mit einem Segment, wohingegen die deutschen Probanden vor allem ein oder zwei Segmente bildeten.

## 6.4 Boundary-Crossing und Endpunkt

Aus Abbildung 5 geht hervor, wie häufig Grenzübertritte und Endpunkte in der jeweiligen Sprache und Kondition lexikalisiert wurden. Der Endpunkt wurde in der kritischen Kondition im Deutschen und Türkischen gleich häufig lexikalisiert. Auch in der Kontrollkondition kam es vor, dass die Probanden nach dem Grenzübertritt einen Endpunkt wahrnahmen und lexikalisierten. Mit 12,0% waren es in den deutschen Daten mehr Endpunkte in der Kontrollbedingung als in den türkischen (6,8%). Eine besonders hohe Differenz zeigt sich in der Lexikalisierung des Grenzübertritts. In der kritischen Kondition wurde dieser mit 44,29% von den türkischsprachigen Probanden um ca. die

Hälfte weniger lexikalisiert als bei den deutschsprachigen. Die Deutsch-Muttersprachler versprachlichten ihn in 80,27% der Fälle. Auch in der Kontrollkondition zeigt sich ein signifikanter Unterschied von über 25% zwischen den türkischen (62,60%) und den deutschen Daten (88,72%).

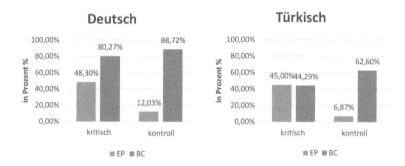

*Abbildung 5: Anzahl Nennungen Boundary-Crossing und Endpunkt in Prozent*

Die Ergebnisse und Unterschiede im Hinblick auf die beiden Referenzpunkte werden in Abbildung 6, in Relation zu der Lexikalisierung von Segment 0, dargestellt. Auffällig ist, dass die türkischsprachigen Probanden BC in der kritischen Kondition deutlich seltener lexikalisierten (44,29%), als in der Kontrollkondition (62,60%) und die Anzahl an Segmenten im Typ 0 in der kritischen (17,86%) auch im Vergleich zur Kontrollkondition niedriger ist (31,30%). Vergleichend zum Deutschen zeigt sich der Unterschied darin, dass in beiden Konditionen BC häufig lexikalisiert wurde (kritisch: 80,27%; kontroll 88,72%). Der Endpunkt wurde in der kritischen Kondition von den deutschen Probanden mit 48,3% etwa gleich oft, wie durch die Türkisch-Sprecher, lexikalisiert (45,0%)

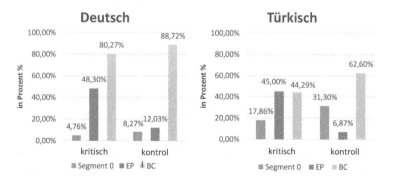

*Abbildung 6: Relation Anzahl Segmenttyp 0, EP und BC nach Sprache und Kondition*

## 6.5 Abhängigkeit der Variable

Es besteht eine Abhängigkeit zwischen der Anzahl der finiten Verben bzw. Äußerungen und der Lexikalisierung von BC und EP. Aus Tabelle 5 geht hervor, wie häufig mehr als eine Äußerung konstruiert wurden, wenn die Probanden den Endpunkt lexikalisierten und wie viele finite Verben in den Äußerungen mit EP im Durschnitt vorkommen. Zwischen den Sprachen zeigen sich keine signifikanten Unterschiede.

*Tabelle 5: Abhängigkeit Anzahl finiter Verben und Lexikalisierung EP in den Aussagen*

| Lexikalisierung EP | Anteil zwei oder mehr Verben | Durchschnitt Anzahl finiter Verben |
|---|---|---|
| **Deutsch** | | |
| EP lexikalisiert | 25,3 % | 1,32 |
| EP nicht lexikalisiert | 11,9% | 1,13 |
| **Türkisch** | | |
| EP lexikalisiert | 25,00% | 1,25 |
| EP nicht lexikalisiert | 6,5% | 1,07 |

Wenn sowohl BC als auch EP lexikalisiert wurden, konstruierten türkische Probanden am häufigsten Beschreibungen mit zwei Verben (89,7%). Der Durchschnitt liegt bei 1,9 Verben. Die deutschsprachigen Probanden produzierten vor allem Konstruktionen mit einem finiten Verb (48,9%), gefolgt von Lexikalisierungen mit zwei finiten Verben (31,9%). Der Mittelwert liegt bei 1,40 Äußerungen, wenn BC und EP lexikalisiert wurden.

*Tabelle 6: Anzahl finiter Verben in Antworten, in denen beide Referenzpunkte (BC und EP) lexikalisiert wurden*

| Anzahl finiter Verben in Antworten, wenn BC und EP lexikalisiert wurde | | | | |
|---|---|---|---|---|
| **Sprache** | **1** | **2** | **3** | **Durchschnittliche Anzahl finite Verben** |
| **Deutsch** | 48,9% | 31,9% | 19,1% | 1,40 |
| **türkisch** | 10,3% | 89,7% | 0,0% | 1,9 |

# 7. Interpretation der Ergebnisse

Aus den Ergebnissen geht hervor, dass die Türkisch-Muttersprachler die Grenz- und Endpunkte als Referenzpunkte wahrgenommen und auch lexikalisiert haben. Im Vergleich zum Deutschen zeichnen sich vor allem in der kritischen Kondition große Unterschiede ab. Der Endpunkt wurde in beiden Sprachen ähnlich häufig lexikalisiert (s. Abbildung 5), wohingegen der Anteil an Grenzpunkten sich mit 44,3% bei den türkischen und 80,3% bei den deutschen Probanden stark unterscheidet. Die Ergebnisse der deutschen Daten sprechen für eine hohe Salienz des Grenzpunktes, da dieser auch in der Kontrollbedingung zu 88,7% lexikalisiert wurde (s. Abbildung 5). Die türkischen Daten sprechen dafür, dass die experimentelle Manipulation durch einen Endpunkt in der kritischen Kondition erfolgreich war: In der Kontrollkondition (44,3%) wurde der Grenzpunkt signifikant häufiger lexikalisiert, als in der kritischen mit EP (62,6% s. Abbildung 5). Der Grenzpunkt wird also in Situationen mit Endpunkt vernachlässigt. Auch bei der Betrachtung der Anzahl von finiten Verben im Zusammenhang zur Lexikalisierung des Endpunktes, zeigt sich die hohe Aufmerksamkeit der türkischen Probanden auf diesen. Wurde der Endpunkt lexikalisiert, verwendeten die türkischen Probanden in nur 25,3% der Aussagen mehr als ein Verb. Im Türkischen muss, dem typischen Muster einer Path-Sprache entsprechend, jeder Wegabschnitt mit einer neuen Ground-Information mit einem eigenen Verb beschrieben werden. Das bestätigt sich für das Türkische auch in den Analyseergebnissen. In Beschreibungen, in denen BC und EP lexikalisiert wurden, liegt der Mittelwert an Verben bei 1,9 (s. Tabelle 6). Im Türkischen müssen also, dem Muster einer Path-Sprache entsprechend, für die Lexikalisierung beider Referenzpunkte Aussagen mit zwei finiten Verben konstruiert werden. In Situationen mit beiden Referenzpunkten wurde also häufiger nur der EP lexikalisiert (s. Tabelle 5). In der kritischen Kondition wurde nur der Weg zum Endpunkt lexikalisiert. Es bestätigt sich die Hypothese, dass der Endpunkt im Türkischen besonders salient ist. Er ist für die Türkisch-Muttersprachler so wichtig, dass die Lexikalisierung des Grenzpunktes in den Hintergrund rückt.

Bestärkt werden diese Ergebnisse bei Betrachtung der Relation zwischen Segment 0, EP und BC, welche in Abbildung 6 dargestellt wurde. Im Vergleich zu den deutschen, lokalisierten die türkischen Probanden viel häufiger und machten *Screenshots* (von Stutterheim et al. 2019) von der Aktivität der Figure (türkisch 24,4%; deutsch 6,4%). Die meisten Lokalisierungen erfolgten in der Kontrollkondition (31,3% s. Abbildung 6). Die hohe Anzahl an Lokalsierungen lässt Rückschlüsse auf die Salienz der Figure-Informationen zu. Die deutschen Probanden nehmen durch das Manner-Verb Bezug auf die Aktivität der Figure und können durch die Satelliten zudem Angaben zum Path machen. Für die Beschreibungen der deutschen Probanden spielte die Lokalisierung daher keine wichtige Rolle im Vergleich zum EP und zum BC (kritisch: 4,76%; kontroll: 8,3%). Da der Grenzübertritt im Türkischen mit einem Path-Verb beschrieben wird, können Angaben zum Manner durch ein Konverb gemacht werden oder indem der Grenzübertritt vernachlässigt und stattdessen die Figure innerhalb einer dynamischen Aktivität lokalisiert wird. Die türkischsprachigen Probanden entschieden sich für Zweiteres und lexikalisierten die Manner-Informationen in dem wichtigsten Satzglied – dem Verb. Ähnlich wie bei einem Richtungs- oder Orientierungswechsel bei der Untersuchung durch von Stutterheim et al. (2019), kann für den Grenzübertritt festgestellt werden, dass er als Ground-Komponente nicht so salient ist, wie die Figure-Information. Die Ground-Informationen werden vernachlässigt, da die Figure-Informationen zum standardisierten Aufmerksamkeitsmuster gehören. Der Manner-Layer, der im Deutschen als Standardmuster dient, folgt im Türkischen in der Rangordnung an nächster Stelle, um nähere Angaben zur Figure zu machen. Dass es sich bei Lokalisierungen um Manner-Verben handelt, bestätigte die Betrachtung der Art von Verben, die in Segment 0 versprachlicht wurden. Die Anzahl der Manner-Verben in den Lokalisierungen entspricht der Anzahl an Aussagen mit dem Segmenttypen 0 (24,3%)[12]. Das Türkische kann aufgrund der Ergebnisse zu den *figure-based* Sprachen (von Stutterheim et al. 2019) gezählt werden. Die hohe Anzahl an lexikalisierten Grenzübertritten im Deutschen bekräftigt die Ergebnisse der Autoren von Stutterheim et al. (2019), die das Deutsche als *ground-based* Sprache einordnen.

Aus Abbildung 6 geht für die türkischen Daten auch hervor, dass in der kritischen Kondition die Anzahl an Lokalsierungen ähnlich wie der Grenzpunkt signifikant niedriger sind (17,9%) als in der Kontrollkondition (31,3% s. Abbildung 6). In Situationen mit Endpunkt wird im Vergleich zu solchen ohne Endpunkt eine direktionale Bewegungsbeschreibung konstruiert. Die hohe Salienz des Endpunktes im Türkischen kann durch die Ergebnisse in Relation zur Lexikalisierung von Segment 0 nochmals hervorgehoben werden.

---

[12] Der Segmenttyp 0 wurde am häufigsten mit *yürümek* (laufen) lexikalisiert (anteilig der Anzahl an Aussagen: 9,6%).

Auch im Hinblick auf die Segmentierung und die Konstruktion von Event Units konnten eindeutige Ergebnisse festgestellt werden. Wie erwartet konstruierten die türkischsprachigen Probanden zwei Äußerungen, wenn sie beide Referenzpunkte lexikalisierten (89,7%). In den Aussagen der deutschen Probanden wurden BC und EP am häufigsten durch ein finites Verb lexikalisiert (48,9%). Für das Deutsche bestätigt sich, dass mit einem finiten Verb und durch mehrere Path-Satelliten zwei verschiedene Ground-Abschnitte lexikalisiert werden können. Wird die Anzahl an Äußerungen in Gesamtheit aller Aussagen der türkischen Probanden betrachtet, zeigt sich, dass diese die Videosequenzen vor allem in einer Äußerung beschrieben (87,1%; MW kritisch: 1,13). Die Hypothese, dass die türkischen Probanden in ihren Aussagen in der kritischen und Kontrollkondition mehr finite Verben verwenden ist nichtzutreffend. Auch für die Anzahl der in 6.1 definierten Segmenttypen zeigt sich, dass die Ergebnisse fürs Deutsche und Türkische ähnlich sind. In beiden Sprachen wurden die Aussagen am häufigsten mit einem Segment konstruiert (Deutsch: 47,5%; Türkisch: 48,0%). In der kritischen Kondition gibt es in den Beschreibungen der deutschen Probanden auch sehr häufig drei Segmente (31,3%) und die maximale Anzahl liegt bei vier Segmenten. Im Türkischen liegt die maximale Anzahl bei drei Segmenten (5,2%).

# 8. Diskussion

Aus den Ergebnissen geht hervor, dass Grenz- und Endpunkte im Türkischen und Deutschen als Referenzpunkte wahrgenommen wurden. Der Grenzübertritt wurde von den deutschen Probanden häufiger als Übergangspunkt erkannt als von den türkischen. Im Türkischen weist er daher keine so hohe Salienz auf, wie im Deutschen. Türkische Probanden haben sehr häufig Lokalisierungen konstruiert, statt den Grenzübertritt zu lexikalisieren. Es kann also eine Übereinstimmung zwischen den Ergebnissen in dieser Studie und denen der Untersuchung von Özçalışkan (2013) festgehalten werden. Auch in ihrer Untersuchung zum Boundary-Crossing zeigte sich, dass in einer signifikanten Anzahl an Aussagen statt einem Grenzübertritt, eine Lokalisierung beschrieben wurde. Der Endpunkt scheint im Türkischen einen hohen Stellenwert zu haben, da die Grenzübertritte und die Lokalisierungen abnehmen, sobald ein EP vorkommt. Im Deutschen hingegen hatte der Endpunkt keinen Einfluss auf die Anzahl an Grenzübertritten. Daher ist davon auszugehen, dass der Grenzübertritt für Deutsch-Muttersprachler sehr wichtig ist. In der Rangordnung steht er vor dem Endpunkt.

Aus den Ergebnissen können Rückschlüsse auf eine Hierarchie der sprachinternen Aufmerksamkeitsmuster nach von Stutterheim et al. (2019) gemacht werden. Im Türkischen sind die Path-Informationen zwar wichtig, aber nicht so relevant, wie es für eine Path-Sprache zu erwarten wäre. Von Bedeutung sind auch die Informationen zur Figure. In Bewegungsereignissen, in denen nur der Grenzpunkt vorkam (Kontrollkondition), wurden häufig *screenshots* gemacht. Der Manner-Layer wird von den türkischen Probanden als Strategie gewählt, um detailliertere Angaben zur Aktivität der Figure zu machen. Das Türkische kann seinem Aufmerksamkeitsmuster nach also den figure-based Sprachen zugeordnet werden. Die hohe Anzahl an Grenzübertritten in den Aussagen der deutschen Probanden spricht dafür, dass im Deutschen ground-based Informationen wichtig sind.

Sowohl im Deutschen als auch im Türkischen wurden vor allem Ereignisse aus einem Makro-Event konstruiert. Im Deutschen enthielten die Makro-Events Informationen zu beiden Referenzpunkten, wohingegen im Türkischen häufig nur ein Subevent in einem Makro-Event konstruiert wurde. Die Aufmerksamkeitsmuster im Türkischen haben also einen Einfluss auf die Segmentierung von Bewegungsereignissen. Es wird weniger segmentiert, wenn im Input ein Endpunkt wahrgenommen wird. Dadurch werden die Informationen zum Endpunkt der Figur hervorgehoben. Wenn beide Referenzpunkte lexikalisiert werden, müssen dem Muster einer Path-Sprache entsprechend mehr Event Units konstruiert und dadurch häufiger segmentiert werden.

## 9. Ausblick

Ziel dieser Untersuchung war es, den Einfluss sprachtypologischer Unterschiede im Deutschen und Türkischen auf die Aufmerksamkeitsmuster und die Wahrnehmung von Bewegungsereignissen festzustellen.

Wie in vorhergehenden Untersuchungen zu anderen Sprachen wie z.B. zu dem Französischen, konnte auch ein deutlicher Einfluss der sprachlichen Mittel auf die Konstruktion der Bewegungsereignisse im Türkischen festgestellt werden. Der gezeigte Input mit den beiden Referenzpunkten, zeigte zudem einen starken Einfluss durch Informationen mit Endpunkten auf die Lexikalisierung der Türkisch-Muttersprachler. Um das getestete Verhalten im Hinblick auf die Produktion von Sprache abzurunden, wäre es interessant durch eine Eye-Tracking Studie zu ermitteln, ob sich die erhöhte

Aufmerksamkeit auch durch die Fokussierung bestimmter Bildabschnitte im Input bemerkbar macht.

Anders als in den Ergebnissen von Gerwien & von Stutterheim (2018) zum Französischen, wurde im Türkischen sehr wenig segmentiert. Interessant wäre hierbei die Konzeption einer Untersuchung, durch die ermittelt wird, ob Türkisch-Muttersprachler häufiger segmentieren, wenn die im Input vorkommenden Referenzpunkte auf den Endpunkt hinweisen.

Im Rahmen der Bachelorarbeit wurden ausschließlich Türkisch-Sprecher mit Sprachkontakt zum Deutschen befragt. Cross-linguistische Einflüsse auf die Beschreibungen der Probanden sind daher nicht auszuschließen. In einem neuen, erweiterten Experiment zum Türkischen, könnten daher die hier festgestellten Ergebnisse anhand der Aussagen von monolingualen Muttersprachlern untersucht werden.

# 10. Literaturverzeichnis

- Ağuıçenoğlu, Hüseyin (2014): Türkisch Lehrbuch für Grammatik. mit Übungen und Lösungsschlüssel. 2. Aufl. Wiesbaden: Ludwig Reichert Verlag.

- Aksu-Koç, Ayhan (1994): Development of Linguistic Forms: Turkish. In: Slobin et al. (Hrsg.): Relating events in narrative: A crosslinguistic developmental study. Hillsdale, NJ, US: Lawrence Erlbaum Associates, Inc., 329-386.

- Beavers, John; Levin, Beth; Wei Tham, Shiao (2010): The typology of motion expressions revisited. In: *J. Linguistics* 46 (2), S. 1–47.

- Berman, R. A., & Slobin, D. I. (1994). *Relating Events in Narrative: A Crosslinguistic Developmental Study.* New York: Psychology Press.

- Berthele, Raphael (2006): Ort und Weg. Die sprachliche Raumreferenz in Varietäten des Deutschen, Rätoromanischen und Französischen. Berlin: de Gruyter.

- Bohnemeyer, Jürgen et al. (2007): Principles of Event Segmentation in Language. The Case of Motion Events. In: *Language* 83 (3), S. 495–532.

- Bohnemeyer, Jürgen; Pederson, Eric (Hg.) (2010): Event representation in language and cognition. Cambridge: Cambridge Univ. Press (Language, culture and cognition, 11).

- Boroditsky, Lera; Gaby, Alice (2010): Remembrances of Times East. Absolute Spatial Representations of Time in an Australian Aboriginal Community. In: *Psychological Science* 21 (11), S. 1635–1639.

- Gerwien, J., & von Stutterheim, C. (2016). Grammatical constraints on event packaging and potential effects on the segmentation of the perceptual stream. Pre-CUNY Workshop Präsentation.

- Gerwien, Johannes; Stutterheim, Christiane von (2018): Event segmentation: Cross-linguistic differences in verbal and non-verbal tasks. In: *Cognition* 180, S. 225–237. DOI: 10.1016/j.cognition.2018.07.008.

- Klein, Wolfgang (1991): Raumausdrücke. In: *Linguistische Berichte* 132, 77-141.

- Kohlmayer, Rainer (2000): Vorsicht! Bissiger Mund!: Alphabetische Aphorismen von Rainer Kohlmayer. In: *Die Schnake. Zeitschrift für Sprachdidaktik, Satire, Literatur*

- Newtson, Darren (1973): Attribution and the Unit of Perception of ongoing Behavior. In: *Journal of Personality and Social Psychology* 28 (1), S. 28–38.

- Özçalışkan, Şeyda (2013): Ways of crossing a spatial boundary in typologically distinct languages. In: *Applied Psycholinguistics* 36 (2)

- Özçalışkan, Şeyda; Slobin, Dan I. (2003): Codability effects on the expression of manner of motion in Turkish and English. In: Studies in Turkish linguistics: proceedings of the Tenth International Conference in Turkish Linguistics; August 16 - 18, 2000, Boğaziçi University, İstanbul. İstanbul: Boğaziçi Univ. Press, S. 259–269.

- Pourcel, S. (2004). What Makes Path of Motion Salient? *Proceedings of the Berkeley Linguistics Society*, 505–516.

- Radvansky, Gabriel A. (2017): Event Segmentation as a Working Memory Process. In: *Journal of Applied Research in Memory and Cognition* 6 (2), S. 121–123

- Radvansky, Gabriel A.; Zacks, Jeffrey M. (2017): Event Boundaries in Memory and Cognition. In: *Current opinion in behavioral sciences* 17, S. 133–140

- Stutterheim, C. v., Gerwien, J., Bouhaous, A., Carroll, M., Lambert, M. (2019). What makes up a reportable event in a language? Motion events as an important test domain in linguistic typology. (erscheint in *Linguisics*)

- Slobin, Dan I. (2006): What makes manner of motion salient? Explorations in linguistic typology, discourse, and cognition. In: Maya Hickmann und Stéphane Robert (Hg.): Space in languages. Linguistic systems and cognitive categories. Amsterdam/Philadelphia: John Benjamins, S. 59–81.

- Slobin, Dan I.; Hoiting, Nini (1994): Reference to Movement in Spoken and Signed Languages: Typological Considerations. Proceedings of the Twentieth Annual Meeting of the Berkeley Linguistics Society: General Session Dedicated to the Contributions of Charles J. Fillmore, 487-505.

- Skalička, Vladimír (1979): Das Erscheinungsbild der Sprachtypen. In: Peter Hartmann (Hg.): Typologische Studien. 11. Aufl. Braunschweig: Viewing (Schriften zur Linguistik), S. 21–58.

- Snell-Hornby, Mary (1983): Verb-descriptivity in German and English. A contrastive study in semantic field. Heidelberg: Winter.

- Talmy, Leonard (2000): Typology and Process in Concept Structuring. Cambridge, Mass: MIT Press (Toward a Cognitive Semantics, 2).

- Talmy, Leonard (2007): Language Typology and Syntactic Descriptions. In: Timothy Shopen (Hg.): Language Typology and Syntactic Description. 2. Aufl. 3 Bände. Cambridge: Cambridge Univ. Press (Grammatical Categories and the Lexicon), S. 66–168.

- Wienold, Götz; Kim, Chin-do (1993): Lexikalische und syntaktische Strukturen japanischer und koreanischer Bewegungsverben III. ÜBER-HINWEG, DURCH,

ANVORBEI: Fachgruppe Sprachwissenschaft der Universität Konstanz (Arbeitspapier 43).

- Woerfel, Till Julian Nesta (2018): Encoding Motion Events. The Impact of Language-Specific Patterns and Language Dominance in Bilingual Children. Boston/Berlin: de Gruyter (Studies of Language Acquisition, 58).

- Wutz, Sonja B. (2018): *Ereignissegmentierung im Sprachvergleich.* Unveröffentlichte Masterarbeit, Ruprecht-Karls Universität Heidelberg.

- Zacks, Jeffrey M. et al. (2001): Human brain activity time-locked to perceptual event boundaries. In: *nature neuroscience* 6 (4).

- Zacks, Jeffrey M.; Speer, Nicole K.; Swallow, Khena M.; Braver, Todd S.; Reynolds, Jeremy R. (2007): Event perception: a mind-brain perspective. In: *Psychological bulletin* 133 (2), S. 273–293

- Zacks, Jeffrey M.; Swallow, Khena M. (2007): Event Segmentation. In: *Current Directions in Psychological Science* 16 (2), S. 80–84.

# 11. Anhang

## 11.1 Szenenübersicht

| Szenen | Figure | Grenzobjekt | Endpunkt |
|---|---|---|---|
| 1 | Frau | Absperrband | Kiste |
| 2 | Frau | Blumenbeet | Brunnen |
| 3 | Frau | Brücke | Auto |
| 4 | Fahrradfahrerin | Gartenschlauch | Garage |
| 5 | Frau | Bahnübergang | Auto |
| 6 | Fahrradfahrerin | Laub | Fußballtor |
| 7 | Frau | Abflussrinne | Schilder (Bar) |
| 8 | Frau | Straße | Statue |
| 9 | Skateboarderin | Straßenbahnmarkierung | Statue |
| 10 | Frau | Tartanbahn | Trainerhäuschen |
| 11 | Frau | Schotterweg | Frau |
| 12 | Frau | Weg | Stufenbarren |
| 13 | Fahrradfahrerin | Zebrastreifen | Zigarettenautomat |
| 14 | Frau | Tram-Gleise | Ticketautomat |
| 15 | Hund | Besen | Frau |
| 16 | Frau | Straße | Briefkasten |

## 11.2 Instruktionen

<u>Deutsche Instruktionen</u>

Sie sehen jetzt eine Reihe von kurzen Video-Clips. Bitte beschreiben Sie nach jedem Video, was in dem Video passiert. Sie können jederzeit mit der Beschreibung beginnen und haben kein Zeitlimit. Benutzen Sie bitte nur vollständige Sätze und konzentrieren Sie sich auf das Wesentliche. Drücken Sie die Leertaste, wenn Sie mit Ihrer Beschreibung fertig sind und Sie mit der Beschreibung des nächsten Videos fortfahren möchten.

ÜBUNGSPHASE

Es folgen drei Übungsvideos, um Sie mit dem Ablauf vertraut zu machen.

Nun beginnt die Testphase. Falls Sie Fragen haben, können Sie sie jetzt gerne stellen.

Vielen Dank für Ihre Teilnahme am Experiment!


<u>Türkische Instruktionen</u>

Siz şimdi kısa Video-Clipler göreceksiniz. Lütfen her Videoda ne olduğunu anlatınız. İstediğiniz zaman tarifinizle başlayabilirsiniz. Zaman sınırlaması yoktur. Tarifinizle lütfen sadece cümlelerle ifade ediniz. Tarifinizle bittikten sonra ara tuşuya basınız ve gelecek Video*Cliple devam ediniz.

DENEME

Gidişe alışmak için üç tane deneme Video-Cliplerle başlıyoruz.

DENEY

Şimdi deneyi başlatiyoruz.
Sorunuz varsa lütfen simdi sorunuz.

## 11.3 Von Analyse ausgeschlossene Daten

| Spalte1 | ambig | ohne Bezug zum Bewegungsereignis | Gesamt |
|---|---|---|---|
| deutsch | **9,69%** | **2,80%** | **12,49%** |
| kritisch | 6,88% | 1,25% | **8,13%** |
| kontroll | 12,50% | 4,38% | **16,88%** |
| türkisch | **4,69%** | **10,63%** | **15,31%** |
| kritisch | 1,25% | 11,25% | **12,50%** |
| kontroll | 8,13% | 10,00% | **18,13%** |
| Gesamt | **7,19%** | **6,72%** | **13,91%** |